CW00494529

PRACTICA TU ESPAÑOL

LA CONJUGACIÓN

Autora: Julia Miñano López
Directora de la colección: Isabel Alonso Belmonte

ele
Español Lengua Extranjera

SGEL

Primera edición, 2005
Segunda edición, 2007
Primera reimpresión, 2009
Segunda reimpresión, 2011

Produce SGEL - Educación
Avda. Valdelaparra, 29
28108 Alcobendas (Madrid).

Diseño: Cadigrafía, S. L.
Maquetación: Dayo 2000
Ilustraciones: Javier Carbajo

ISBN: 978-84-9778-158-9
Depósito legal: M-39884-2011
Printed in Spain – Impreso en España

Impresión: Service Point S.A.

ÍNDICE

PRESENTACIÓN

Practica la conjugación es un libro de autoaprendizaje de ELE que presenta de manera sencilla las reglas fundamentales que rigen la morfología regular e irregular de los tiempos verbales en español. *Practica la conjugación* está escrito por Julia Miñano, profesora de español como lengua extranjera en la Universidad de Barcelona, y se dirige a estudiantes con un nivel básico de español (A1-B1). Cada unidad del libro ofrece numerosos ejemplos de verbos conjugados y un buen número de ejercicios ágiles y dinámicos, graduados de menor a mayor dificultad, que ayudarán a aquellos estudiantes que deseen mejorar su conocimiento de la flexión verbal en español y practicar de forma activa la conjugación de los verbos más usados en nuestra lengua. *Practica la conjugación* consta de un solucionario en el que se encuentran las respuestas a los ejercicios del libro, y de un glosario final, para que el estudiante construya progresivamente su propio diccionario de verbos conjugados.

Isabel Alonso

-AR, -ER, -IR.

¿QUÉ ES CONJUGAR?

En español, conjugar consiste en enunciar las distintas formas de un verbo para expresar voz, tiempo, aspecto, modo, persona y número.

Un verbo se conjuga a partir de su infinitivo (*amar*, *ver*, *escribir*); se quita la terminación en *-ar/-er/-ir* y se sustituye por las terminaciones verbales que correspondan. Por ejemplo:

*Habl-**ar**: habl**o**, habl**as**, habl**an**, habl**aré**, hayáis habl**ado**, habl**aríamos**.*

Aprender a conjugar sirve, sobre todo, para utilizar correctamente los verbos en español.

habl-**ar**	habl**o**	Presente de indicativo
⇒	habl**ad**	Imperativo
⇒	habl**emos**	Presente de subjuntivo
⇒	habl**abas**	Pretérito imperfecto de indicativo
⇒	habl**aron**	Pretérito indefinido de indicativo
⇒	habl**ara**	Pretérito imperfecto de subjuntivo
⇒	habl**aréis**	Futuro de indicativo
⇒	habl**arían**	Condicional
⇒	habl**ado**	Pretérito perfecto de subjuntivo

¿POR QUÉ UN VERBO EN ESPAÑOL TIENE TANTAS FORMAS DIFERENTES?

El español, como otras lenguas románicas, tiene tantas formas verbales porque procede del latín. En español existen dos voces (la voz activa y la voz pasiva) y tres modos verbales (indicativo, subjuntivo e imperativo), que expresan diferentes puntos de vista del hablante con respecto a la acción. Además, para cada modo verbal hay una serie de tiempos que señalan el momento en el que se realiza la acción (presente, pasado o futuro). En total, en español hay unos 15 tiempos verbales diferentes. Finalmente, cada verbo tiene 6 personas distintas, tres en singular y tres en plural:

Singular	1.ª persona	yo	Plural	1.ª persona	nosotros/as
	2.ª persona	tú		2.ª persona	vosotros/as
	3.ª persona	usted él/ella		3.ª persona	ustedes ellos/as

A cada una de estas seis personas le corresponde una terminación propia por cada tiempo verbal. Podemos afirmar que, en general, hay terminaciones que se repiten en casi todos los tiempos verbales y que nos permiten reconocer la persona a la que se refieren:

terminación	persona
—	yo
-s	tú
-a/-e	él/ella/Ud.
-mos	nosotros/nosotras
-is	vosotros/vosotras
-n	ellos/ellas/Uds.

OBSERVA:

Ud.: usted

Uds.: ustedes

LA CONJUGACIÓN, UNA FAMILIA MUY NUMEROSA

En un diccionario no aparecen todas las formas posibles de cada verbo, sino sólo el infinitivo verbal: *amar*, *comer*, *escribir*. Hay tres tipos de infinitivo: los terminados en *-ar* (*amar*, *hablar*, *trabajar*), los terminados en *-er* (*leer*, *comer*) y los terminados en *-ir* (*escribir*, *vivir*). Cada tipo de infinitivo da lugar a un modelo de conjugación diferente para cada tiempo verbal:

	Presente de indicativo					
	Primera conjugación		**Segunda conjugación**		**Tercera conjugación**	
	am-ar		com-er		escrib-ir	
yo	am-	-o	com-	-o	escrib-	-o
tú		-as		-es		-es
él/ella/Ud.		-a		-e		-e
nosotros/as		-amos		-emos		-imos
vosotros/as		-áis		-éis		-ís
ellos/ellas/Uds.		-an		-en		-en

La conjugación de un verbo puede ser **regular** o **irregular**. La conjugación de un verbo es regular cuando la raíz del verbo no cambia al añadir las terminaciones verbales. Es el caso de los verbos conjugados en la tabla anterior. Sin embargo, la conjugación de un verbo es irregular cuando al añadir las terminaciones o desinencias verbales, se modifica su raíz. Este es el caso del verbo *volver*; por ejemplo, donde la letra *-o-* de su raíz se transforma en *-ue-* en varias personas.

Presente de indicativo		
volv-er		Persona
v**ue**lv	-o	yo
	-es	tú
	-e	él/ella/usted
volv	-emos	nosotros/as
	-éis	vosotros/as
v**ue**lv	-en	ellos/ellas/ustedes

RECUERDA:

- Cuando un verbo presenta una irregularidad, en general afecta a tres grupos de tiempos verbales:

  Presente de indicativo → presente de subjuntivo → imperativo.

  Pretérito indefinido de indicativo → pretérito imperfecto de subjuntivo.

  Futuro de indicativo → condicional.

- Así, por ejemplo, podemos ver que la irregularidad *o>ue* del verbo *volver* se mantiene en las tres personas verbales citadas (*yo, él/ella/usted* y *ellos/ellas/ustedes*) en presente de subjuntivo y en imperativo:

Presente de subjuntivo		
volv-er		Persona
v**ue**lv	-a	yo
	-as	tú
	-a	él/ella/usted
volv	-amos	nosotros/as
	-áis	vosotros/as
v**ue**lv	-an	ellos/ellas/ustedes

Imperativo		
volv-er		Persona
v**ue**lv	-e	tú
	-a	usted
volv	-ed	vosotros/as
v**ue**lv	-an	ustedes

TODOS LOS DÍAS COMPRO EL PAN

EL PRESENTE DE INDICATIVO (I)

1 **¿Cómo se conjuga el presente de indicativo? Aquí tienes algunos ejemplos de verbos regulares y verbos pronominales en presente.**

Persona	pregun**tar**	respond**er**	escrib**ir**
yo	pregunt**o**	respond**o**	escrib**o**
tú	pregunt**as**	respond**es**	escrib**es**
él/ella/Ud.	pregunt**a**	respond**e**	escrib**e**
nosotros/-as	pregunt**amos**	respond**emos**	escrib**imos**
vosotros/-as	pregunt**áis**	respond**éis**	escrib**ís**
ellos/ellas/Uds.	pregunt**an**	respond**en**	escrib**en**

Persona	duch**arse**	met**erse**	aburr**irse**
yo	**me** duch**o**	**me** met**o**	**me** aburr**o**
tú	**te** duch**as**	**te** met**es**	**te** aburr**es**
él/ella/Ud.	**se** duch**a**	**se** met**e**	**se** aburr**e**
nosotros/-as	**nos** duch**amos**	**nos** met**emos**	**nos** aburr**imos**
vosotros/-as	**os** duch**áis**	**os** met**éis**	**os** aburr**ís**
ellos/ellas/Uds.	**se** duch**an**	**se** met**en**	**se** aburr**en**

OBSERVA:

- Las terminaciones de presente para los verbos de la 2.ª y la 3.ª conjugación (*-er* e *-ir*) no son iguales en las formas correspondientes a las personas *nosotros/nosotras* y *vosotros/vosotras.*
- Para conjugar un verbo pronominal como *llamarse* son necesarios los pronombres reflexivos (*me, te, se, nos, os, se*).
- Todas las formas verbales en 2.ª persona del plural (*vosotros/-as*), siempre llevan tilde: pregunt**á**is, respond**é**is, escrib**í**s.

2 ¿Dónde pones estos verbos? Completa la conjugación y destaca la terminación.

practicar	aprender
practic**o**	....
....	aprend**es**
....	aprend**e**
practic**amos**	....
practic**áis**	....
....	....

descubrir	llamarse
descubr**o**	....
....	te llam**as**
....	....
....	....
descubr**ís**	....
descubr**en**	se llam**an**

- practicas
- aprendemos
- me llamo
- aprenden
- practica
- practican
- descubre
- se llama
- aprendéis
- descubres
- aprendo
- descubrimos
- nos llamamos
- os llamáis

3 Vamos a completar el ejercicio como en el modelo.

1. hablar, vosotras: *habláis*
2. callarse, tú: ....
3. .... : *lee*
4. .... : *escribo*
5. comer, ellos: ....
6. beber, nosotras: ....
7. .... : *descansa*
8. .... : *trabajan*
9. vivir, nosotros: ....
10. ganar, vosotros: ....
11. .... : *recibo*
12. .... : *te llamas*
13. presentar, ellas: ....
14. saludar, yo: ....
15. .... : *explica*
16. .... : *comprendéis*
17. meterse, vosotros: ....
18. sacar, nosotras: ....

4 Estos verbos se utilizan muy frecuentemente. Su conjugación en presente es irregular. Completa la tabla.

ser	estar	ir	venir	tener	decir	oír
soy	......	voy	......	......	digo	oigo
......	estás	......	......	tienes	dices	......
......	......	va	viene	......	......	oye
somos	......	......	......	tenemos	......	oímos
sois	......	vais	venís	......	decís	......
......	están	......	......	......	......	......

5 Transforma singular ⇔ plural: yo ⇔ nosotros, tú ⇔ vosotros, él ⇔ ellos.

soy ⇒ *somos*	digo ⇒ ______	______ ⇐ estamos	oye ⇒ ______
______ ⇐ están	voy ⇒ ______	oyes ⇒ ______	______ ⇐ tenemos
oigo ⇒ ______	______ ⇐ tienen	dices ⇒ ______	es ⇒ ______
______ ⇐ venimos	va ⇒ ______	______ ⇐ tenéis	______ ⇐ vais

6 Vamos a completar el ejercicio como en el modelo.

1. tener, él: *tiene*
2. venir, ustedes: ......
3. ......: *vas*
4. ......: *estamos*
5. estar, ellas: ......
6. oír, yo: ......
7. ......: *sois*
8. ......: *digo*
9. oír, nosotras: ......
10. tener, vosotros: ......
11. ......: *viene*
12. ......: *voy*
13. ser, tú: ......
14. decir, vosotras: ......

7 Lee estos verbos irregulares.

veo · doy · traigo · hago · sé · pongo · salgo · caigo · conozco · valgo

ATENCIÓN:

- De todos estos verbos en presente de indicativo, sólo la primera persona de singular *(yo)* es irregular; el resto de las personas son regulares.

Escribe los verbos anteriores en el lugar correspondiente y completa la conjugación.

hacer	poner	salir	traer	caer
....	....	....	....	....
....	pones	....	traes	....
....	pone	....	....	....
hacemos	....	....	....	caemos
hacéis	....	salís	....	caéis
....	....	salen	traen	....

ver	saber	dar	conocer	valer
....	....	....	....	....
ves	....	das	....	vales
....	....	da	....	....
....	sabemos	....	....	....
....	sabéis	....	conocéis	....
ven	....	....	conocen	valen

ATENCIÓN:

- Si un verbo como *hacer* es irregular, los verbos derivados de él también lo son: *deshacer → deshago, rehacer → rehago.*

8 Conjuga estos verbos en presente.

1. ver, ella: ....
2. traer, ustedes: ....
3. salir, yo: ....
4. ponerse, tú: ....
5. caerse, nosotras: ....
6. saber, vosotras: ....
7. valer, él: ....
8. conocer, yo: ....
9. dar, nosotros: ....
10. hacer, vosotros: ....
11. saber, yo: ....
12. valer, ellos: ....
13. proponer, tú: ....
14. deshacer, yo: ....
15. ver, yo: ....
16. atraer, vosotros: ....
17. hacer, nosotras: ....
18. oponerse, yo: ....
19. dar, yo: ....
20. caer, ustedes: ....

9 Busca en la sopa de letras 14 formas verbales en presente de indicativo que correspondan a los siguientes verbos.

S	**A**	**L**	**G**	**O**	X	V	E	I	S
O	Q	W	E	R	T	O	U	Ñ	Z
M	A	S	D	F	O	Y	E	N	P
O	G	H	V	J	K	L	Ñ	B	O
S	H	S	A	B	E	I	S	V	N
J	N	M	L	R	T	X	H	C	E
D	I	C	E	S	I	R	A	P	S
A	K	A	N	V	E	N	G	O	Ñ
M	L	I	V	C	N	K	O	Q	Z
O	Ñ	G	S	Z	E	J	P	W	V
S	W	O	C	O	N	O	Z	C	O

salgo ⇒ salir, yo
.... ⇒ ver, vosotros
.... ⇒ oír, ustedes
.... ⇒ saber, vosotras
.... ⇒ decir, tú
.... ⇒ venir, yo
.... ⇒ conocer, yo
.... ⇒ ser, nosotros
.... ⇒ dar, nosotras
.... ⇒ caer, yo
.... ⇒ valer, él
.... ⇒ hacer, yo
.... ⇒ poner, tú
.... ⇒ tener, ellas
.... ⇒ ir, yo

10

Coloca el infinitivo en el grupo correspondiente según la irregularidad de la persona *yo*. Después, conjuga los infinitivos en primera persona de singular.

venir · ofrecer · estar · caer · oír · tener · ir · permanecer · dar · poner · decir · introducir · traer · seducir · hacer · salir

-zco		-go		-oy	
nacer →	nazco	valer →	valgo	ser →	soy
conocer →	conozco	.... →	....	.... →	....
traducir →	traduzco	.... →	....	.... →	....
conducir →	....	.... →	....	.... →	....
.... →	....	.... →	....		
.... →	....	.... →	....		
parecer →	parezco	.... →	....		
agradecer →	....	.... →	....		
.... →	....	.... →	....		
.... →	....	.... →	....		

ATENCIÓN:

- La primera persona del singular (*yo*) de los verbos cuyo infinitivo termina en *-ucir (traducir), -acer (nacer), -ecer (parecer), -ocer (conocer)* adopta la terminación *-zco.*

RECUERDA:

- Hay algunas excepciones a esta regla:

  hacer → hago

  cocer → cuezo

EL PRESENTE DE INDICATIVO (II)

1 ¿Dónde pones estos verbos? Completa la conjugación.

destruimos · pide · pido · destruís · destruyes · puedes · piden · pueden · podemos · pensáis · pienso · piensa

pensar (e > ie)	poder (o > ue)	pedir (e > i)	destruir (+y)
....	p**ue**do	....	destru**y**o
pi**e**nsas	....	p**i**des	....
....	p**ue**de	....	destru**y**e
pensamos	....	pedimos	....
....	podéis	pedís	....
pi**e**nsan	....	....	destru**y**en

OBSERVA:

- Los verbos anteriores son irregulares en presente de indicativo.
- En las personas *yo, tú, él/ella/usted* y *ellos/ellas/ustedes...*
    1. se cambian las vocales de la raíz:
        -e → -ie, como *pensar → pienso.*
        -o → -ue, como *poder → puedo.*
        -e → i, como *pedir → pido.*
    2. o se añade una **-y-** antes de la terminación, como *destruir → destruyo.*
- También son irregulares *jugar → juego* (*u > ue*) y *adquirir → adquiero* (*i > ie*).
- Las formas verbales en 1.ª y 2.ª persona del plural (nosotros/-as, vosotros/-as) son siempre regulares.

2 Todos estos verbos son irregulares en presente. Conjúgalos.

e > ie

1. despertarse, ella ....
2. sentarse, ustedes ....
3. empezar, yo ....
4. cerrar, tú ....
5. calentar, ellas ....
6. encender, tú ....
7. defender, él ....
8. perder, yo ....
9. entender, ustedes ....
10. querer, tú ....
11. preferir, tú ....
12. sugerir, ellos ....
13. sentir, yo ....
14. divertirse, él ....

o > ue

1. acordarse, yo ....
2. aprobar, ellos ....
3. soñar, tú ....
4. volar, yo ....
5. costar, ellos ....
6. encontrar, él ....
7. acostarse, él ....
8. contar, yo ....
9. probar, ustedes ....
10. volver, tú ....
11. moverse, yo ....
12. doler, ellas ....
13. dormir, yo ....
14. morir, tú ....

e > i

1. seguir, ella ....
2. vestirse, ustedes ....
3. despedirse, yo ....
4. repetir, ellos ....
5. corregir, tú ....
6. reír, ustedes ....

+y

1. construir, tú ....
2. disminuir, ellas ....
3. concluir, tú ....
4. huir, yo ....
5. distribuir, ellos ....
6. sustituir, él ....

! OBSERVA:

- El cambio *e > i* sólo ocurre en algunos verbos de la 3.ª conjugación (*-ir*), como repetir → repito. Sin embargo, otros verbos de la misma conjugación cambian *e > ie,* como *sentir → siento.*
- Todos los verbos terminados en *-uir* presentan la irregularidad **+y.**

3 Transforma singular ⇔ plural: yo ⇔ nosotros, tú ⇔ vosotros, él ⇔ ellos.

prefieres	⇒	*preferís*	________	⇐	corregimos
________	⇐	entienden	sonríes	⇒	________
me divierto	⇒	________	me despido	⇒	________
________	⇐	empezamos	________	⇐	repetís
te acuestas	⇒	________	distribuye	⇒	________
duermo	⇒	________	________	⇐	construimos
________	⇐	duelen	sustituyes	⇒	________
envuelves	⇒	________	________	⇐	incluyen

4 En estos verbos faltan las vocales. Complétalas como en el ejemplo.

1. perder: *pierdes*
2. volver, yo: v__lv__
3. seguir: s__g__n
4. incluir: __ncl__y__n
5. despertar: d__sp__rt__s
6. morir: m__r__m__s
7. competir: c__mp__t__n
8. querer: q__r__s
9. calentar: c__l__nt__s
10. destruir, ella: d__str__y__
11. aprobar: __pr__b__n
12. costar: c__st__n
13. soñar: s__ñ__s
14. reír, él: r__

5 Cuando buscamos el significado de un verbo irregular en el diccionario no encontramos todas las formas conjugadas. ¿Qué podemos hacer?

ATENCIÓN:

- Para deducir el infinitivo de un verbo irregular es útil recordar los cambios presentados en los ejercicios anteriores:

-zco > -ecer; -ocer; ucir; acer.
e > ie **e > i**
o > ue **-uir > uy**

¿Puedes deducir el infinitivo y la persona de estas formas verbales irregulares?

1. reduzco: *reducir, yo*
2. aprietas: ____
3. atribuyo: ____
4. niegas: ____
5. comprueba: ____
6. crezco: ____
7. reconstruye: ____
8. eliges: ____
9. asciendes: ____
10. sirven: ____
11. demuestra: ____
12. agradezco: ____
13. mides: ____
14. suenan: ____
15. fluyen: ____
16. deduzco: ____

Coloca los infinitivos anteriores en el grupo correspondiente según la irregularidad.

-zco: ____, ____, ____, ____

e > ie: ____, ____, ____

e > i: ____, ____, ____

o > ue: ____, ____, ____

-uir > uy: ____, ____, ____

6 **¿Dónde pones estos verbos? Completa la conjugación.**

recojo · sigo · zurcen · dirijo · siguen · recogéis · vencen · diriges · venzo · zurzo

recoger	dirigir	vencer	zurcir	seguir
____	____	____	____	____
recoges	____	vences	zurces	sigues
recoge	dirige	vence	zurce	sigue
recogemos	dirigimos	vencemos	zurcimos	seguimos
____	dirigís	vencéis	zurcís	seguís
recogen	dirigen	____	____	____

ATENCIÓN:

Los verbos del ejercicio anterior presentan una irregularidad ortográfica en la primera persona del singular (*yo*). Para mantener el mismo sonido...

1. se cambian también las consonantes:
   - ***-ger* → *-jo,*** *como recoger → recojo.*
   - ***-gir* → *-jo,*** *como dirigir → dirijo.*
   - ***-cer* → *-zo,*** *como vencer → venzo.*
   - ***-cir* → *-zo,*** *como zurcir → zurzo.*
2. se elimina la **-u- (-guir → -go)**, como *seguir → sigo.*

7 Vamos a completar el ejercicio siguiente como en el modelo.

1. ejercer, ella: *ejerce*
2. convencer, yo: ....
3. .... : *cuezo*
4. .... : *vencemos*
5. esparcir, ellos: ....
6. fruncir, yo: ....
7. .... : *exiges*
8. .... : *corrijo*
9. surgir, nosotras: ....
10. elegir, yo: ....
11. .... : *protejo*
12. .... : *escogéis*
13. coger, tú: ....
14. emerger, él: ....
15. .... : *distingue*
16. .... : *conseguís*
17. perseguir, yo: ....
18. seguir, nosotras: ....

8 Conjuga en presente los siguientes verbos.

1. cerrar, ella: ....
2. querer, ustedes: ....
3. preferir, yo: ....
4. despertarse, tú: ....
5. poder, nosotras: ....
6. contar, vosotras: ....
7. morir, él: ....
8. volver, yo: ....
9. vestirse, nosotros: ....
10. pedir, vosotros: ....
11. conseguir, yo: ....
12. reírse, ellos: ....
13. distribuir, tú: ....
14. destruir, yo: ....

15. conocer, yo:	19. exigir, yo: ....
16. sustituir, vosotros:	20. coger, yo: ....
17. aparecer, nosotras:	21. proteger, tú: ....
18. agradecer, yo:	22. seguir, ella: ....

9 **Busca en la sopa de letras 12 formas verbales en presente correspondientes a los siguientes verbos.**

C	**O**	**N**	**S**	**I**	**G**	**O**	Q	W	C
O	X	F	I	H	J	K	L	Ñ	U
N	M	P	R	O	T	E	J	O	E
S	I	N	V	I	E	R	T	E	L
T	T	S	E	D	L	Ñ	V	B	G
R	D	I	S	T	I	N	G	O	A
U	Z	X	C	V	J	B	O	G	H
Y	Q	W	S	D	O	F	B	Y	M
E	X	F	J	V	Q	T	I	T	U
N	A	T	I	E	N	D	E	N	E
X	Y	F	K	H	W	S	R	K	R
E	J	E	R	Z	O	R	N	Ñ	D
R	E	C	U	E	R	D	A	S	E

consigo	⇒ conseguir, yo
....	⇒ proteger, yo
....	⇒ invertir, él
....	⇒ distinguir, yo
....	⇒ atender, ellos
....	⇒ ejercer, yo
....	⇒ recordar, tú
....	⇒ construir, ellas
....	⇒ servir, tú
....	⇒ elegir, yo
....	⇒ gobernar, ella
....	⇒ colgar, él
....	⇒ morder, usted

EL IMPERATIVO

1 **¿Reconoces las terminaciones del imperativo? Aquí tienes algunos ejemplos de verbos regulares y de verbos regulares pronominales en imperativo.**

	pregunt**ar**	respond**er**	escrib**ir**
tú	pregunt**a**	respond**e**	escrib**e**
vosotros/-as	pregunt**ad**	respond**ed**	escrib**id**
usted	pregunt**e**	respond**a**	escrib**a**
ustedes	pregunt**en**	respond**an**	escrib**an**

	duch**arse**	met**erse**	aburr**irse**
tú	dúch**ate**	mét**ete**	abúrr**ete**
vosotros/-as	duch**aos**	met**eos**	aburr**íos**
usted	dúch**ese**	mét**ase**	abúrr**ase**
ustedes	dúch**ense**	mét**anse**	abúrr**anse**

OBSERVA:

- El imperativo presenta sólo 4 personas: *tú, usted, vosotros/as* y *ustedes.*
- Cuando se conjuga un verbo pronominal como *ducharse...*
  - el pronombre se sitúa detrás del verbo, formando con él una única palabra.
  - desaparece la **-d** final de la persona *vosotros/-as* como en *ducha**d**:* *ducha**(d)**os* → *duchaos.*

2 ¿Dónde pones estos verbos? Completa la tabla y subraya la terminación.

cállate   saltad   salten   suba   subid

cállense   corran   corre

	saltar	correr	subir	callarse
tú	salt**a**		sub**e**	
vosotros/-as		corr**ed**		calla**os**
usted	salt**e**	corr**a**		
ustedes			sub**an**	cáll**ense**

3 Vamos a completar el ejercicio como en el modelo.

1. descansar, tú *descansa*
2. levantarse, usted: ....
3. .... : *lavaos*
4. .... : *péinense*
5. comer, ustedes: ....
6. beber, vosotras: ....
7. .... : *venda*
8. .... : *compra*
9. vivir, vosotras: ....
10. quedarse, ustedes: ....
11. .... : *sube*
12. .... : *baje*

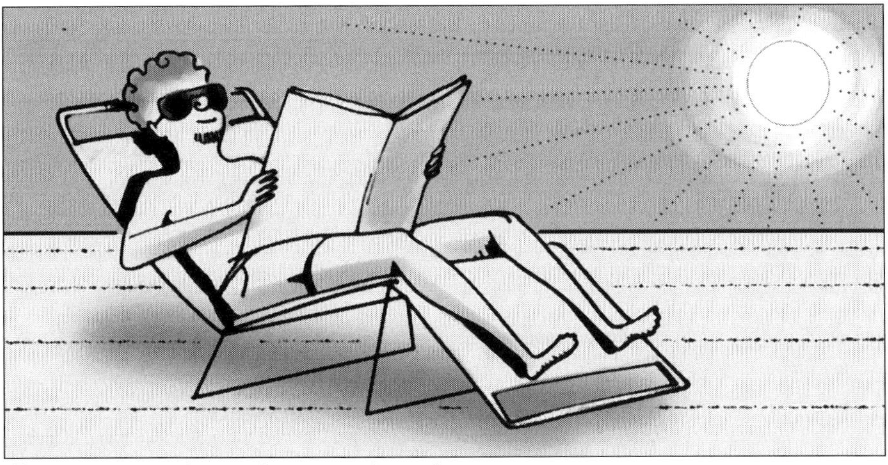

¡Descansa mucho en tus vacaciones!

4

¿Recuerdas cómo se conjugan en presente de indicativo los verbos como *cerrar, volver, vestir* y *destruir*? Completa la conjugación del imperativo con estos verbos.

cierra · volved · viste · destruid · cierre · vuelvan · vistan · destruya

cerrar (e > ie)	volver (o > ue)	vestir (e > i)	destruir (+y)
	v**ue**lve		destru**y**e
cerrad		vestid	
	v**ue**lva	v**i**sta	
c**ie**rren			destru**y**an

OBSERVA:

- Cuando un verbo presenta irregularidades en presente de indicativo, tambien aparecen en imperativo. Pero recuerda: la persona *vosotros/vosotras* siempre es regular.

5

Completa el ejercicio.

	tú	vosotros/as
1. pensar:	*piensa*	*pensad*
2. sentarse:	....	....
3. defender:	....	....
4. divertirse:	....	....
5. soñar:	....	....
6. elegir:	....	....
7. dormir:	....	....

	tú	vosotros/as
8. empezar:	*empieza*	*empezad*
9. entender:	....	....
10. sentir:	....	....
11. acostarse:	....	....
12. moverse:	....	....
13. corregir:	....	....
14. construir:	....	....

6 Completa el ejercicio.

	tú	usted
1. cerrar:	*cierra*	*cierre*
2. despertarse:	....	....
3. perderse:	....	....
4. invertir:	....	....
5. probarse:	....	....

	tú	ustedes
6. calentar:	*calienta*	*calienten*
7. pedir:	....	....
8. repetir:	....	....
9. encender:	....	....
10. sugerir:	....	....

7 Completa la conjugación de los siguientes verbos en imperativo, siguiendo la pauta dada por el verbo entre paréntesis.

hacer (haga)	**poner** (ponga)	**salir** (salga)	**venir** (venga)	**tener** (tenga)	**decir** (diga)
haz	pon	sal	ven	ten	di
haced	....	salid	venid	....	decid
....	ponga	....	venga	....	....
hagan	....	....	....	tengan	digan

traducir (traduzca)	**conocer** (conozca)	**saber** (sepa)	**ser** (sea)	**ir** (vaya)	**oír** (oiga)
traduce	conoce	sabe	sé	ve	oye
....	conoced	....	sed	id	oíd
....	conozca	....	....	vaya	....
traduzcan	....	sepan	sean	....	oigan

OBSERVA:

- Las formas de las personas *usted* y *ustedes* son iguales en imperativo y en presente de subjuntivo. También en los verbos...
  - irregulares con cambios en las consonantes:
    - **-g-**, como en *hacer* → *haga, hagan.*
    - **-zc-**, como en *conocer* → *conozca, conozcan.*
  - irregulares como *ir* → *vaya; ser* → *sea; saber* → *sepa.*

8 Busca en la sopa de letras 14 formas verbales en imperativo correspondientes a los siguientes infinitivos:

vaya ⇒ ir, usted
.... ⇒ tener, usted
.... ⇒ decir, usted
.... ⇒ caer, usted
.... ⇒ hacer, usted
.... ⇒ salir, usted
.... ⇒ traducir, ustedes
.... ⇒ conocer, usted
.... ⇒ saber, ustedes
.... ⇒ poner, ustedes
.... ⇒ oír, usted
.... ⇒ venir, ustedes
.... ⇒ conducir, usted
.... ⇒ ofrecer, usted
.... ⇒ ser, usted

S	A	L	G	A	X	O	I	G	A
C	W	Q	R	T	B	F	U	Ñ	Z
O	T	E	N	G	A	R	E	N	P
N	Z	Ñ	**V**	P	Q	E	Ñ	S	O
D	T	R	**A**	D	U	Z	C	A	N
U	W	L	**Y**	B	F	C	H	H	G
Z	H	C	**A**	Z	S	A	A	T	A
C	P	A	T	V	E	N	G	A	N
A	T	I	G	C	P	T	A	Q	S
D	I	G	A	S	A	Y	T	X	E
Q	X	A	C	O	N	O	Z	C	A

9 Vamos a completar el ejercicio como en el modelo.

1. tener, vosotros: *tened*
2. venir, tú: ....
3. ....: *vaya*
4. ....: *sepan*
5. poner, tú: ....
6. oír, usted: ....
7. ....: *sé*
8. ....: *digan*
9. caer, vosotras: ....
10. hacer, tú: ....
11. ....: *traigan*
12. ....: *sal*

10 Conjuga los verbos en imperativo.

	tú	vosotros/-as
1. ponerse	*ponte*	*poneos*
2. salir		
3. tener		
4. caerse		
5. saber		
6. traer		

	tú	vosotros/-as
7. decir	*di*	*decid*
8. ir		
9. oír		
10. ser		
11. hacer		
12. venir		

11 Conjuga los siguientes verbos en imperativo.

	tú	usted
1. introducir:	*introduce*	*introduzca*
2. producir:		
3. agradecer:		
4. seducir:		
5. obedecer:		
6. ofrecer:		

	tú	ustedes
7. nacer:	*nace*	*nazcan*
8. permanecer:		
9. reducir:		
10. desaparecer:		
11. traducir:		
12. conocer:		

Mueve la nevera para desenchufarla.

12 Completa el imperativo de estos verbos con irregularidad ortográfica.

secar	cruzar	pagar	elegir	vencer	seguir
seca	....	paga	elige	....	sigue
....	cruzad	....	....	venced	....
seque	....	pague	....	venza	siga
....	crucen	....	elijan	....	....

ATENCIÓN:

Los verbos del ejercicio siguiente presentan una irregularidad ortográfica en las personas *usted* y *ustedes*. Se mantiene el mismo sonido, pero hay que cambiar algunas consonantes:

-car* → *-que, como *secar → seque, sequen.*
-zar* → *-ce, como *cruzar → cruce, crucen.*
-gar* → *-gue, como *pagar → pague, paguen.*
-ger/-gir* → *-ja, como *elegir → elija, elijan; coger → coja, cojan.*
-cer/-cir* → *-za, como *vencer → venza, venzan; zurcir → zurza, zurzan.*
-guir* → *-ga, como *seguir → siga, sigan.*

13 Transforma tú ⇔ usted y vosotros ⇔ ustedes.

coloca	⇒	*coloque*
________	⇐	proteja
aparca	⇒	________
________	⇐	elija
coge	⇒	________
empieza	⇒	________
________	⇐	dirija
rechaza	⇒	________

________	⇐	juegue
caza	⇒	________
apaga	⇒	________
________	⇐	persiga
llega	⇒	________
________	⇐	convenza
consigue	⇒	________
________	⇐	recoja

14 Conjuga los siguientes verbos en imperativo.

1. despertarse, tú: ....
2. levantarse, ustedes: ....
3. quitarse, vosotros: ....
4. ponerse, usted: ....
5. entrar, vosotras: ....
6. salir, ustedes: ....
7. empezar, ustedes: ....
8. terminar, tú: ....
9. romper, ustedes: ....
10. hacer, tú: ....
11. ser, usted: ....
12. oír, vosotros: ....
13. proponer, tú: ....
14. deshacer, usted: ....
15. venir, ustedes: ....
16. irse, tú: ....
17. decir, tú: ....
18. callarse, usted: ....
19. traducir, ustedes: ....
20. elegir, vosotros: ....
21. construir, tú: ....
22. ofrecer, usted: ....
23. sentir, ustedes: ....
24. pensar, usted: ....
25. dormir, ustedes: ....
26. soñar, tú: ....
27. reducir, usted: ....
28. aumentar, tú: ....
29. aprender, tú: ....
30. conocer, usted: ....

¡ADIÓS! ¡QUE TENGAS BUEN VIAJE!

EL PRESENTE DE SUBJUNTIVO

4

1 **¿Cómo se conjuga el presente de subjuntivo? Aquí tienes algunos ejemplos:**

pregunt**ar**	respond**er**	escrib**ir**
pregunt**e**	respond**a**	escrib**a**
pregunt**es**	respond**as**	escrib**as**
pregunt**e**	respond**a**	escrib**a**
pregunt**emos**	respond**amos**	escrib**amos**
pregunt**éis**	respond**áis**	escrib**áis**
pregunt**en**	respond**an**	escrib**an**

! **OBSERVA:**

- Los verbos de la conjugación en *-ar* toman como vocal de la terminación una *-e.*
- Los verbos en *-er* e *-ir* toman como vocal de la terminación una *-a.*
- Las formas verbales en 2.ª persona del plural (*vosotros/-as*) siempre llevan tilde.

2 **¿Dónde pones estos verbos? Completa la conjugación y destaca la terminación.**

subas · compren · subáis · compremos · compre · corra · subamos · corran · suba · corras

comprar	correr	subir
....	corr**a**	....
compr**es**	....	....
compr**e**	....	sub**a**
....	corr**amos**	....
compr**éis**	corr**áis**	....
....	....	sub**an**

3 Vamos a completar el ejercicio, como en el modelo.

1. comprar, ella: *compre*
2. vender, yo: ....
3. .... : *gastes*
4. .... : *consumamos*
5. cobrar, usted: ....
6. alquilar, vosotras: ....
7. .... : *descansen*
8. .... : *me canse*
9. divorciarse, tú: ....
10. casarse, usted: ....
11. .... : *creamos*
12. .... : *imaginéis*
13. aburrirse, ellas: ....
14. esperar, yo: ....
15. .... : *debas*
16. .... : *decidáis*
17. enamorarse, ellos: ....
18. odiar, nosotras: ....

4 Completa la conjugación del presente de subjuntivo.

pida, pienses, pidan, sientas, duermas, piense, sienta, puedan, pida, puedas, duerman, duerma, piense, pueda, sientan

poder	pensar	sentir	pedir	dormir
p**ue**da	....	....	....	d**ue**rma
....	....	....	pidas	....
....	....	s**ie**nta	....	....
podamos	pensemos	sintamos	pidamos	durmamos
podáis	penséis	sintáis	pidáis	durmáis
....	p**ie**nsen	....	....	....

OBSERVA:

- Los verbos anteriores tienen una conjugación irregular en presente de subjuntivo.
  1. En los verbos *-ar* y *-er,* las personas...
     – *nosotros/-as* y *vosotros/-as* son regulares.
     – *yo, tú, él/ella/usted* y *ellos/ellas/ustedes* cambian las vocales:
       -e → -ie, como *pensar → piense; querer → quiera.*
       -o → -ue, como *contar → cuente; poder → pueda.*
  2. En los verbos de la tercera conjugacion (en *-ir*) en las personas...
     – *nosotros/-as* y *vosotros/-as* también cambian las vocales de la raíz:
       -e → -i, como *sentir → sintamos; pedir → pidamos.*
       -o → -u, como *dormir → durmamos; morir → muramos.*
     – *yo, tú, él/ella/usted* y *ellos/ellas/ustedes* cambian como en presente de indicativo:
       -e → -ie, como *sentir → siento → sienta.*
       -e → -i, como *pedir → pido → pida.*

5 Vamos a completar el ejercicio como en el modelo. Todos son verbos irregulares de la primera y segunda conjugación.

1. despertarse, ella: *se despierte*
2. aprobar, ustedes: ....
3. ....: *pierdas*
4. ....: *envolvamos*
5. gobernar, ellas: ....
6. atender, yo: ....
7. ....: *coléis*
8. ....: *ruedes*
9. demostrar, yo: ....
10. apretar, vosotros: ....

6 Transforma de presente de indicativo a presente de subjuntivo.

1. cierro ⇒ *cierre*
2. queremos ⇒ __________
3. vuelven ⇒ __________
4. contamos ⇒ __________
5. piensan ⇒ __________
6. volamos ⇒ __________
7. encontráis ⇒ __________
8. pensáis ⇒ __________
9. apruebo ⇒ __________
10. sueña ⇒ __________
11. puedes ⇒ __________
12. cuesta ⇒ __________

ATENCIÓN:

- Cuando un verbo es irregular en presente de indicativo, también lo es en presente de subjuntivo.

7 Vamos a completar el ejercicio como en el modelo. Todos son verbos irregulares de la 3.ª conjugación.

1. divertirse, ellas: *se diviertan*
2. sentir, yo: ....
3. .... : *sonriáis*
4. .... : *duermas*
5. vestirse, él: ....
6. repetir, ustedes: ....
7. .... : *hiervas*
8. .... : *sugiramos*
9. preferir, usted: ....
10. morir, vosotros: ....

8 Transforma: yo ⇔ nosotros/-as, tú ⇔ vosotros/-as, él/ella ⇔ ellos/ellas.

te acuestes	⇒	*nos acostemos*
....	⇐	cerremos
me divierta	⇒	....
....	⇐	entiendan
sonrías	⇒	....
....	⇐	sirvamos

envuelvas	⇒	....
....	⇐	duelan
duerma	⇒	....
encuentres	⇒	....
sientas	⇒	....
....	⇐	repitáis

9 Completa la conjugación en presente de subjuntivo siguiendo la pauta dada por el verbo entre paréntesis.

hacer (hago)	**conocer** (conozco)	**destruir** (destruyo)
haga	conozca	....
....	conozcas	....
....	....	destruya
hagamos	....	destruyamos
hagáis	conozcáis	....
....	....	destruyan

hagan · conozcamos · destruya · conozca · destruyas · destruyáis · hagas · haga · conozcan

ATENCIÓN:

- Si hay un cambio de consonantes en la 1.ª persona del singular (*yo*) de presente de indicativo, también lo hay en **todas** las personas del presente de subjuntivo, por ejemplo:
  - **-g-**, como en *hacer → hago → haga.*
  - **-zc-**, como en *conocer → conozco → conozca.*
  - **-y-**, como en *destruir → destruyo → destruya.*

10 Transforma de presente de indicativo a presente de subjuntivo.

1. tengo ⇒ *tenga*
2. tenemos ⇒ ______
3. traduzco ⇒ ______
4. traducen ⇒ ______
5. construyo ⇒ ______
6. construye ⇒ ______
7. traigo ⇒ ______
8. traemos ⇒ ______
9. digo ⇒ ______
10. decís ⇒ ______
11. nazco ⇒ ______
12. nace ⇒ ______

11 ¿Puedes completar la conjugación de estos verbos irregulares?

ver	ser	haber	ir	dar	estar	saber
vea	......	haya	......	dé	......	sepa
......	seas	......	vayas	......	estés	......
vea	......	haya	......	dé	......	sepa
......	seamos	......	vayamos	......	estemos	......
veáis	......	hayáis	......	deis	......	sepáis
......	sean	......	vayan	......	estén	......

12 Busca en la sopa de letras los 14 verbos siguientes conjugados en presente de subjuntivo.

sepas ⇒ saber, tú

...... ⇒ oír, ella

...... ⇒ tener, usted

...... ⇒ poner, nosotros

...... ⇒ ir, ellas

...... ⇒ haber, tú

.... ⇒ dar, nosotras

.... ⇒ ver, ustedes

.... ⇒ venir, tú

.... ⇒ hacer, ellos

.... ⇒ traer, él

.... ⇒ ser, yo

.... ⇒ decir, yo

.... ⇒ salir, él

.... ⇒ caer, yo

P	Q	W	**S**	**E**	**P**	**A**	**S**	H	Ñ
O	I	G	A	F	G	V	J	A	H
N	Ñ	J	L	T	R	A	I	G	A
G	Z	X	G	V	B	Y	M	A	Y
A	V	E	A	N	B	A	P	N	A
M	Q	R	W	V	T	N	C	Ñ	S
O	G	D	T	E	N	G	A	X	Z
S	E	A	Z	N	H	J	I	C	E
Ñ	K	B	Q	G	Y	L	G	V	S
P	D	I	G	A	F	S	A	B	T
D	E	M	O	S	S	Ñ	M	N	E

13 ¿Puedes completar la conjugación de estos verbos con irregularidad ortográfica?

secar	empezar	llegar	coger	cocer	seguir
seque	....	llegue	coja	....	siga
....	empieces	....	....	cuezas	....
seque	....	llegue	....	cueza	siga
....	empecemos	....	....	cozamos	sigamos
sequéis	....	lleguéis	cojáis	....	....
....	empiecen	....	cojan	....	....

OBSERVA:

- Estos verbos presentan una irregularidad ortográfica en todas las personas. Para mantener el mismo sonido se cambian las consonantes que no lo representan:

  -car → -que, como *secar → seque.*

  -zar → -ce, como *empezar → empiece.*

  -gar → -gue, como *llegar → llegue.*

  -ger/-gir → -ja, como *coger → coja; corregir → corrija.*

  -cer/-cir → -za, como *cocer → cueza; zurcir → zurza.*

  -guir → -ga, como *seguir → siga.*

CUANDO ERA PEQUEÑO, JUGABA AL FÚTBOL

EL PRETÉRITO IMPERFECTO DE INDICATIVO

5

1 **¿Cómo se conjuga el pretérito imperfecto de indicativo? Aquí tienes algunos ejemplos de verbos regulares en pretérito imperfecto.**

pregunt**ar**	respond**er**	escrib**ir**
pregunt**aba**	respond**ía**	escrib**ía**
pregunt**abas**	respond**ías**	escrib**ías**
pregunt**aba**	respond**ía**	escrib**ía**
pregunt**ábamos**	respond**íamos**	escrib**íamos**
pregunt**abais**	respond**íais**	escrib**íais**
pregunt**aban**	respond**ían**	escrib**ían**

OBSERVA:

- En pretérito imperfecto, los verbos de las conjugaciones en *-er* e *-ir* tienen las mismas terminaciones y llevan tilde sobre la *-í*. También las formas verbales en 1.ª persona de plural (*nosotros/nosotras*) de los verbos en *-ar* llevan tilde.
- En pretérito imperfecto, la 1.ª y 3.ª persona del singular se conjugan igual.

2 **¿Dónde pones estos verbos? Completa la conjugación y subraya la terminación.**

tenían — sentía — tenías — tenía — llevaban — sentíais — sentíamos — llevábamos — llevaba

llevar	tener	sentir
....	ten**ía**	....
llev**abas**	....	sent**ías**
llev**aba**	....	sent**ía**
....	ten**íamos**	....
llev**abais**	ten**íais**	....
....	....	sent**ían**

3 Vamos a completar el ejercicio como en el modelo.

1. dormir, vosotras: *dormíais*
2. parecerse, yo: ....
3. .... : *medían*
4. .... : *pesábamos*
5. gustar, ella: ....
6. molestar, él: ....
7. .... : *vivíais*
8. .... : *me alojaba*
9. haber, él: ....
10. hacer, tú: ....
11. .... : *caminabas*
12. .... : *se movía*
13. correr, nosotros: ....
14. nadar, vosotros: ....
15. .... : *lloraban*
16. .... : *te reías*

4 ¿Dónde pones estos verbos? Completa la conjugación.

era · íbamos · ibas · eras · erais · veía · veían · iba · veíamos · veíais

ser	ver	ir
era	....	iba
....	veías	....
....	veía	....
éramos	....	....
....	....	ibais
eran	....	iban

OBSERVA:

En pretérito imperfecto sólo los verbos *ser, ver* e *ir* son irregulares.

5 Transforma de presente de indicativo a pretérito imperfecto.

1. estoy: ______	7. sé: ______	13. venimos: ______
2. se sienten: ______	8. lleváis: ______	14. conozco: ______
3. vivís: ______	9. parecemos: ______	15. tienes: ______
4. utilizo: ______	10. trabajan: ______	16. eres: ______
5. cocinas: ______	11. viajamos: ______	17. estudia: ______
6. vas: ______	12. limpiáis: ______	18. preparas: ______

6 Conjuga los siguientes verbos en imperfecto:

1. ver, vosotras: ....
2. mirar, ustedes: ....
3. oír, yo: ....
4. escuchar, tú: ....
5. caerse, nosotras: ....
6. levantarse, ella: ....
7. traer, él: ....
8. llevar, yo: ....
9. recibir, nosotros: ....
10. dar, vosotros: ....
11. ir, yo: ....
12. venir, ellos: ....
13. parecer, tú: ....
14. ser, yo: ....
15. pensar, yo: ....
16. sentir, vosotros: ....
17. regresar, nosotras: ....
18. marcharse, yo: ....

7 Busca en la sopa de letras 13 formas verbales en imperfecto.

oía ⇒ oír, él
.... ⇒ ver, tú
.... ⇒ bajar, vosotros
.... ⇒ odiar, ella
.... ⇒ mover, yo
.... ⇒ ir, él
.... ⇒ pedir, ellos
.... ⇒ ser, él
.... ⇒ tener, nosotros
.... ⇒ subir, nosotros
.... ⇒ amar, ellas
.... ⇒ estar, nosotros
.... ⇒ dar, ella
.... ⇒ poder, él

E	S	T	A	B	A	M	O	S
R	X	E	W	A	R	O	A	U
A	P	N	G	J	E	V	M	B
X	L	I	B	A	**O**	**I**	**A**	I
V	I	A	T	B	D	A	B	A
E	Q	M	M	A	I	I	A	M
I	P	O	D	I	A	Y	N	O
A	E	S	N	S	B	O	I	S
S	P	E	D	I	A	N	S	N

Antes escuchaba mucha música pop, ahora escucho más música clásica.

8 Tacha la forma de imperfecto incorrecta y escribe la persona.

1. poner, *yo-él/ella/usted* ~~*poneba*~~ / *ponía*
2. abrir, ... *abribamos/ abríamos*
3. saludar, ... *saludaba / saludía*
4. hacer, ... *hacebais / hacíais*
5. decir, ... *decibas / decías*
6. andar, ... *andaban / andían*
7. tener, ... *tenébamos / teníamos*
8. comer, ... *comebas / comías*
9. venir, ... *venebáis / veníais*
10. hablar, ... *hablaba / hablía*

9 ¿Puedes deducir el infinitivo y la persona de estas formas verbales?

1. descansábamos: *descansar, nosotros/-as*
2. se cansaban: ....
3. recibía: ....
4. os despedíais: ....
5. ocultaban: ....
6. descubría: ....
7. dirigía: ....
8. organizaba: ....
9. nos alejábamos: ....
10. os acercabais: ....
11. proponían: ....
12. aceptaba: ....

10 Transforma yo ⇔ nosotros/as, tú ⇔ vosotros/as, él/ella ⇔ ellos/ellas.

estaba	⇒ *estábamos*	era	⇒ ______	ibas	⇒ ______
______	⇐ veían	______	⇐ podíais	______	⇐ sabíamos
vivía	⇒ ______	empezabas	⇒ ______	terminaba	⇒ ______
______	⇐ traíamos	______	⇐ llevabais	______	⇐ cocinaban
volaba	⇒ ______	volvías	⇒ ______	subía	⇒ ______

6

LLEGARON AQUÍ LA SEMANA PASADA.

EL PRETÉRITO INDEFINIDO DE INDICATIVO (I)

1 **¿Cómo se conjuga el pretérito indefinido de indicativo? Aquí tienes algunos ejemplos de verbos en indefinido.**

pregunt**ar**	respond**er**	escrib**ir**
pregunt**é**	respond**í**	escrib**í**
pregunt**aste**	respond**iste**	escrib**iste**
pregunt**ó**	respond**ió**	escrib**ió**
pregunt**amos**	respond**imos**	escrib**imos**
pregunt**asteis**	respond**isteis**	escrib**isteis**
pregunt**aron**	respond**ieron**	escrib**ieron**

OBSERVA:

- Las terminaciones de las conjugaciones *-er* e *-ir* son iguales.
- La 1.ª y 3.ª personas del singular llevan tilde:

  *pregunt**é**, pregunt**ó**, respond**í**, respond**ió**, escrib**í**, escrib**ió***
- La 2.ª persona del singular (*tú*) no presenta la característica *-s* final que aparece en otros tiempos.

2 **¿Dónde pones estos verbos? Completa la conjugación y destaca la terminación.**

cerrar	**mover**	**salir**
....	mov**í**	....
cerr**aste**	....	sal**iste**
cerr**ó**	....	sal**ió**
....	mov**imos**	....
cerr**asteis**	mov**isteis**	....
....	....	sal**ieron**

salisteis · cerré · moviste · cerraron · salí · salimos · cerramos · movió · movieron

3 Vamos a completar el ejercicio como en el modelo.

1. aceptar, nosotros: *aceptamos*
2. rechazar, tú: ....
3. .... : *vendió*
4. .... : *compré*
5. romperse, ellos: ....
6. suspender, vosotras: ....
7. .... : *se sentó*
8. .... : *se levantaron*
9. acercarse, nosotras: ....
10. alejarse, vosotros: ....
11. .... : *me quedé*
12. .... : *viajaste*

OBSERVA:

- La primera persona del plural (*nosotros/nosotras*) de los verbos de la primera (*-ar*) y de la tercera (*-ir*) conjugación coinciden en presente de indicativo y en pretérito indefinido.
  1. *cerrar*: – Presente: *cierro, cierras, cierra,* **cerramos**, *cerráis, cierran.*
     – Indefinido: *cerré, cerraste, cerró,* **cerramos**, *cerrasteis, cerraron.*
  2. *salir*: – Presente: *salgo, sales, sale,* **salimos**, *salís, salen.*
     – Indefinido: *salí, saliste, salió,* **salimos,** *salisteis, salieron.*

4 ¿Recuerdas cómo se conjugan en presente de indicativo los verbos como *cerrar* y *volver*? En pretérito indefinido estos verbos son regulares. Transforma del presente de indicativo a pretérito indefinido.

1. se acuerda ⇒ *se acordó*
2. se mueven ⇒ ....
3. os sentáis ⇒ ....
4. aprieto ⇒ ....
5. defiendes ⇒ ....
6. llueve ⇒ ....
7. sueña ⇒ ....
8. apruebo ⇒ ....
9. entiende ⇒ ....
10. contamos ⇒ ....

ATENCIÓN:

- Los verbos de la 1.ª (*-ar*) y la 2.ª (*-er*) conjugación que en presente de indicativo muestran las irregularidades vocálicas: **-e → -ie** y **-o → ue** no cambian en pretérito indefinido:

p**e**nsar → pienso	p**e**rder → pierdo	v**o**lar → vuelo	m**o**ver → muevo
→ p**e**nsé	→ p**e**rdí	→ v**o**lé	→ m**o**ví

5 Completa la tabla y destaca la terminación.

viniste · pude · pudimos · anduviste · vinimos · vino · anduvisteis · anduvieron · pudieron · pudisteis · anduvo

andar	poder	venir
anduv**e**		vin**e**
	pud**iste**	
	pud**o**	
anduv**imos**		
		vin**isteis**
		vin**ieron**

6 También estos pretéritos indefinidos son irregulares. Fíjate en su raíz. ¿Puedes completar su conjugación?

estar (estuv-)	**tener** (tuv-)	**querer** (quis-)	**hacer** (hic-/hiz-)	**poner** (pus-)	**saber** (sup-)
	tuve		hice		supe
estuviste		quisiste		pusiste	
	tuvo		hizo		supo
estuvimos		quisimos		pusimos	
	tuvisteis		hicisteis		supisteis
estuvieron		quisieron		pusieron	

haber (hub-)	**caber** (cup-)	**traer** (traj-)	**decir** (dij-)	**conducir** (conduj-)
hube		traje		conduje
	cupiste		dijiste	
hubo		trajo		condujo
	cupimos		dijimos	
hubisteis		trajisteis		condujisteis
	cupieron	trajeron	dijeron	condujeron

ATENCIÓN:

- Todos los verbos terminados en *-ducir* son irregulares: **-ducir → -duje**.
- Cuando hay una ***-j-*** en la raíz, la terminación para *ellos/ellas/ustedes* es **-eron**, (no *-ieron*), como **trajeron**, **dijeron** y **condujeron**.

7 Transforma: yo ⇔ nosotros, tú ⇔ vosotros, él ⇔ ellos.

estuve	⇒	*estuvimos*	________	⇐	tradujisteis
________	⇐	tuvieron	hizo	⇒	________
vine	⇒	________	anduviste	⇒	________
________	⇐	trajimos	________	⇐	supimos
quiso	⇒	________	pusiste	⇒	________
________	⇐	pudisteis	________	⇐	condujeron
dijo	⇒	________	cupiste	⇒	________

8 Vamos a completar el ejercicio, como en el modelo.

1. tener, ella: *tuvo*
2. .... : *quisiste*
3. .... : *condujimos*
4. estar, yo: ....
5. traer, ellas: ....
6. .... : *supisteis*
7. .... : *puso*
8. traducir, vosotros: ....
9. .... : *hubo*
10. .... : *pude*
11. hacer, él: ....
12. decir, ellos: ....

9 Conjuga estos verbos en pretérito indefinido.

1. venir, ella: ....
2. traer, ustedes: ....
3. andar, yo: ....
4. ponerse, tú: ....
5. querer, nosotras: ....
6. saber, vosotras: ....
7. estar, yo: ....
8. decir, nosotros: ....
9. producir, ellos: ....
10. proponer, tú: ....
11. deshacer, usted: ....
12. poder, ellos: ....
13. atraer, vosotros: ....
14. haber, él: ....
15. oponerse, yo: ....
16. detener, tú: ....

ATENCIÓN:

- Cuando un verbo es irregular, como *poner,* los verbos derivados de él, como *oponerse* o *proponer,* presentan la misma irregularidad.

10 ¿Puedes completar la conjugación de estos verbos irregulares?

dar	ser	ir
di	....	fui
....	fuiste	....
dio	....	fue
....	fuimos	....
disteis	....	fuisteis
....	fueron	....

OBSERVA:

- Estos pretéritos indefinidos presentan unas terminaciones diferentes de las de los demás indefinidos irregulares.
- Ninguna persona lleva tilde.
- Los verbos *ir* y *ser* presentan la misma conjugación. Esto nunca supone un problema de comprensión porque el contexto siempre nos ayuda. Compara, por ejemplo:

__Fue__ a Madrid en avión (ir). ⇔ ***Fue** una gran persona (ser).*

Él le dio un libro

11 **Busca en la sopa de letras 17 formas verbales en indefinido.**

regulares	
-ar: pensar, yo →	
-er: ver, él →	*vio*
beber, ella →	
-ir: subir, ellos →	

irregulares	
dar, él →	
ser/ir, ella →	

S	U	P	I	S	T	E	X	A	Z	Q
U	Q	U	W	F	R	G	H	N	J	U
B	A	D	M	K	A	L	P	D	Ñ	I
I	R	O	T	E	J	Y	Z	U	D	S
E	S	T	U	V	O	K	P	**V**	**I**	**O**
R	Z	X	B	I	H	I	C	E	J	M
O	Ñ	P	N	N	D	Y	T	B	I	P
N	T	U	V	I	M	O	S	G	S	E
J	M	S	M	M	R	L	K	F	T	N
F	H	E	C	O	N	D	U	J	E	S
U	T	P	C	S	Q	W	H	Q	S	E
E	G	D	I	O	Z	B	E	B	I	O

irregulares	
-uv-	
tener, nosotros →	
estar, él →	
andar, yo →	
-u-	
saber, tú →	
poner, yo →	
poder, ella →	
-i-	
venir, nosotros →	
querer, él →	
hacer, yo →	
-j-	
decir, tú →	
traer, ella →	
conducir, yo →	

AYER SE DURMIÓ EN CLASE

EL PRETÉRITO INDEFINIDO DE INDICATIVO (II)

7

1 **¿Dónde pones estos verbos? Completa la conjugación.**

dormí | sentimos | dormimos | leíste | durmieron | sentiste | sintió | dormisteis | leísteis | leyó

leer (i > y)	**dormir (o > u)**	**sentir (e > i)**
leí	....	sentí
....	dormiste	....
....	d**u**rmió	....
leímos	....	....
....	....	sentisteis
le**y**eron	....	s**i**ntieron

Mi amigo se cayó del avión

OBSERVA:

- En la tercera persona del singular (*él/ella/usted*) y del plural (*ellos/ellas/ustedes*):
  1. se cambia la **-i-** de las terminaciones *-ió/-ieron* por una **-y-**:
     -i- → -y-, como *leer → le**y**ó, le**y**eron* (no **leió, *leieron*).
  2. se cambian también las vocales de la raíz:
     -o- → -u-, como *dormir → d**u**rmió, d**u**rmieron.*
     -e- → -i-, como *sentir → s**i**ntió, s**i**ntieron.*

2 Todos estos verbos son irregulares en pretérito indefinido. Conjúgalos.

i > y

1. caer, usted: ....
2. releer, ellas: ....
3. creer, tú: ....
4. poseer, él: ....
5. proveer, ellos: ....
6. roer, nosotros: ....
7. oír, yo: ....
8. corroer, ustedes: ....
9. sustituir, ella: ....
10. intuir, vosotros: ....
11. construir, yo: ....
12. disminuir, ellas: ....
13. concluir, él: ....
14. huir, yo: ....

OBSERVA:

- Esta irregularidad afecta a los verbos de la 2.ª (*-er*) y 3.ª (*-ir*) conjugación que tienen una vocal antes de la terminación. Es decir, el cambio ***i > y*** ocurre en los verbos terminados en:

  -aer (excepto *traer*), *-eer, -oer,* como *caer, creer, roer.*

  -oír, -uir, como *oír, construir.*

o > u

1. dormir, usted: ....
2. morir, ellos: ....

e > i

1. seguir, usted: ....
2. vestirse, ellas: ....
3. despedirse, tú: ....
4. conseguir, él: ....
5. repetir, ellos: ....
6. corregir, nosotras: ....
7. perseguir, yo: ....
8. competir, ustedes: ....
9. reírse, ella: ....
10. sonreír, vosotras: ....
11. invertir, tú: ....
12. preferir, él: ....
13. sugerir, ellos: ....
14. divertirse, ella: ....

OBSERVA:

- Esta irregularidad afecta a los verbos de la 3.ª conjugación (*-ir*) que tienen una *-e-* antes de la terminación. Es decir, el cambio ***e > i*** ocurre en todos los verbos terminados en *–ir* (excepto *venir, decir*) como

  - *repetir → repitió, repitieron.* - *sentir → sintió, sintieron.*

3 Transforma: yo ⇔ nosotros, tú ⇔ vosotros, él ⇔ ellos.

elegí	⇒	*elegimos*	________	⇐	corregisteis
________	⇐	durmieron	sonrió	⇒	________
me divertí	⇒	________	se cayó	⇒	________
________	⇐	influyeron	________	⇐	invirtieron
sustituiste	⇒	________	leyó	⇒	________
sugeriste	⇒	________	________	⇐	construimos
________	⇐	oyeron	murió	⇒	________

4 ¿Recuerdas cómo se conjugan en presente de indicativo los verbos como *pedir* y *sentir*? Transforma de presente a pretérito indefinido de indicativo.

1. se viste: *se vistió*
2. se ríen: ....
3. perseguís: ....
4. sirvo: ....
5. inviertes: ....
6. se divierte: ....
7. hierven: ....
8. conseguís: ....
9. competimos: ....
10. repiten: ....
11. siguen: ....
12. preferimos: ....
13. mentís: ....
14. advertimos: ....
15. corrijo: ....
16. sonríes: ....
17. impides: ....
18. se despide: ....

! RECUERDA:

- En presente de indicativo algunos verbos de la 3.ª conjugación (*-ir*) cambian su raíz de *-e* → *-i*, y otros de *-e* → *-ie*.
- En indefinido todos los verbos *e–ir* (sentir, pedir, repetir...) cambian *-e* → *-i* en las personas *él/ella/usted* y *ellos/ellas/ustedes*. Compara:
  1. seguir (seg-):
     - Presente: *sigo, sigues, sigue, seguimos, seguís, siguen.*
     - Indefinido: *seguí, seguiste, **siguió**, seguimos, seguisteis, **siguieron**.*
  2. sentir (sent-):
     - Presente: *siento, sientes, siente, sentimos, sentís, sienten.*
     - Indefinido: *sentí, sentiste, **sintió**, sentimos, sentisteis, **sintieron**.*

5 Completa la conjugación y destaca el cambio *e* > *i* como en el modelo.

	yo	tú	él/ella/Ud.	nosotros/-as	vosotros/-as	ellos/ellas/Uds.
1. invertir	*invertí*	*invertiste*	*invirtió*			
2. repetir						
3. preferir						
4. elegir						
5. sugerir						
6. corregir						

6 Vamos a completar como en el modelo.

1. releer, nosotros: *releímos*
2. morir, ella: ....
3. .... : *creyó*
4. .... : *competí*
5. destruirse, ellos: ....
6. sugerir, vosotras: ....
7. .... : *se despidió*
8. .... : *se vistieron*
9. poseer, vosotras: ....
10. herirse, vosotros: ....
11. .... : *me reí*
12. .... : *pediste*

7 ¿Dónde pones estos verbos? Completa la conjugación.

analicé

jugué

practiqué

practicar	analizar	jugar
	analizaste	
		jugasteis
practicaron		

ATENCIÓN:

- Estos verbos presentan una irregularidad ortográfica en la 1.ª persona (*yo*). Para representar el mismo sonido:
  1. se cambian también las consonantes:
     -car → ***-qué***, como *practicar* → *practiqué*; *dedicar* → *dediqué*.
     -zar → ***-cé***, *como analizar* → *analicé*; *rechazar* → *rechacé*.
  2. se añade una ***-u-***, ***-gar*** → ***-gué***, como *jugar* → *jugué*; *apagar* → *apagué*.

8 Conjuga las personas *yo* y *tú* como en el modelo.

	yo	tú		yo	tú
1. llegar	*llegué*	*llegaste*	7. negar		
2. sacar			8. jugar		
3. utilizar			9. pagar		
4. chocar			10. aparcar		
5. pescar			11. cazar		
6. dedicarse			12. empezar		

9 Conjuga en las personas *yo* y *usted* como en el modelo.

	yo	usted		yo	usted
1. secar	*sequé*	*secó*	7. tocar		
2. tropezar			8. colgar		
3. segar			9. regar		
4. aplazar			10. rogar		
5. desplazarse			11. comenzar		
6. dedicarse			12. empezar		

10 Conjuga estos verbos en pretérito indefinido.

1. sustituir, usted: ____________
2. despedirse, ellas: ____________
3. creer, tú: ____________
4. morir, él: ____________
5. conseguir, ellos: ____________
6. sonreír, nosotras: ____________
7. atacar, yo: ____________
8. negar, yo: ____________
9. reñir, tú: ____________
10. cazar, ellas: ____________
11. poseer, él: ____________
12. empezar, yo: ____________
13. divertirse, ellas: ____________
14. aparcar, ella: ____________
15. pagar, yo: ____________
16. freír, ustedes: ____________

11 Busca en la sopa de letras las siguientes 12 formas verbales en pretérito indefinido.

D	**E**	**S**	**P**	**L**	**A**	**C**	**E**	A	Z	U
N	X	U	W	F	R	G	H	X	J	T
B	P	E	G	U	E	L	P	R	Ñ	I
V	L	O	T	E	H	Y	D	O	D	L
D	I	S	T	R	I	B	U	Y	O	I
R	Q	X	M	E	R	I	R	E	J	C
M	U	R	I	O	V	Y	M	R	L	E
N	E	U	N	E	I	O	I	O	L	Q
J	M	S	T	M	E	L	O	N	E	W
F	H	R	I	E	R	O	N	J	G	R
U	T	P	O	S	O	W	H	Q	U	T
S	A	Q	U	E	N	R	Y	D	E	A

desplacé ⇒ desplazar, yo
.... ⇒ explicar, yo
.... ⇒ llegar, yo
.... ⇒ dormir, él
.... ⇒ oír, yo
.... ⇒ hervir, ellos
.... ⇒ reír, ellas
.... ⇒ utilizar, yo
.... ⇒ sacar, yo
.... ⇒ pegar, yo
.... ⇒ morir, ella
.... ⇒ distribuir, usted
.... ⇒ mentir, él

12 ¿Puedes indicar el infinitivo y la persona a los que corresponden estas formas verbales irregulares?

1. *distrajimos:* distraer, nosotros/-as
2. *hirieron:* ____________
3. *influyó:* ____________
4. *obtuvisteis:* ____________
5. *impidieron:* ____________
6. *prosiguió:* ____________
7. *recayó:* ____________
8. *abracé:* ____________
9. *rehicimos:* ____________
10. *intervinisteis:* ____________
11. *convirtieron:* ____________
12. *apliqué:* ____________
13. *navegué:* ____________
14. *interviniste:* ____________
15. *atribuyeron:* ____________
16. *pequé:* ____________
17. *contradijiste:* ____________
18. *supuse:* ____________

SI TUVIERA TIEMPO, IRÍA AL GIMNASIO.

EL PRETÉRITO IMPERFECTO DE SUBJUNTIVO

1 **¿Cómo se conjuga el pretérito imperfecto de subjuntivo? Aquí tienes algunos ejemplos de verbos en imperfecto de subjuntivo.**

pregunt**ar**
pregunt**ara** / pregunt**ase**
pregunt**aras** / pregunt**ases**
pregunt**ara** / pregunt**ase**
pregunt**áramos** / pregunt**ásemos**
pregunt**arais** / pregunt**aseis**
pregunt**aran** / pregunt**asen**

respond**er**
respond**iera** / respond**iese**
respond**ieras** / respond**ieses**
respond**iera** / respond**iese**
respond**iéramos** / respond**iésemos**
respond**ierais** / respond**ieseis**
respond**ieran** / respond**iesen**

escrib**ir**
escrib**iera** / escrib**iese**
escrib**ieras** / escrib**ieses**
escrib**iera** / escrib**iese**
escrib**iéramos** / escrib**iésemos**
escrib**ierais** / escrib**ieseis**
escrib**ieran** / escrib**iesen**

! **OBSERVA:**

- La conjugación del pretérito imperfecto de subjuntivo presenta dos formas diferentes.
- Todos los verbos se pueden conjugar con la terminación *-ra* o con la terminación *-se*. Ambas son correctas, pero *-ra* se utiliza más frecuentemente.

2 ¿Dónde pones estos verbos? Completa la conjugación y subraya la terminación.

saliera / saliese — vieran / viesen — salierais/salieseis — viajarais / viajaseis — vieras / vieses — viajara / viajase — viajara / viajase — saliera / saliese — viéramos / viésemos

viajar	ver	salir
....	v**iera** / v**iese**	....
viaj**aras** / viaj**ases**	....	sal**ieras** / sal**ieses**
....	v**iera** / v**iese**	....
viaj**áramos** / viaj**ásemos**	....	sal**iéramos** / sal**iésemos**
....	v**ierais** / v**ieseis**	....
viaj**aran** / viaj**asen**	....	sal**ieran** / sal**iesen**

! OBSERVA:

- Las terminaciones de la primera (*yo*) y tercera persona (*él/ella/usted*) del singular son iguales.
- Los verbos en primera persona del plural (*nosotros/as*) del pretérito imperfecto de subjuntivo llevan tilde.

3 Transforma la terminación *-ra* en *-se,* como en el modelo.

pensaras	⇒	*pensases*	envolviera	⇒	....
....	⇐	cerrásemos	....	⇐	apretaseis
lloviera	⇒	....	movieran	⇒	....
....	⇐	entendieseis	....	⇐	acertase
contaran	⇐	....	encontraras	⇒	....
....	⇐	aprobase	....	⇐	negásemos
te acostaras	⇒	....	encendiera	⇒	....
....	⇐	probásemos	....	⇐	volvieseis

4 Completa, como en el modelo.

1. aceptar, ella: *aceptara/ase*
2. rechazar, yo: ....
3. .... : *estudiaras*
4. .... : *aprendiéramos*
5. prometer, usted: ....
6. olvidar, vosotras: ....
7. .... : *cortasen*
8. .... : *cosieses*
9. atreverse, tú: ....
10. intentar, usted: ....

5 Completa la conjugación.

muriera / muriese — oyerais / oyeseis — sirviéramos / sirviésemos — oyera / oyese — muriéramos / muriésemos — sirvieras / sirvieses — oyeras / oyeses — murierais / murieseis — sirviera / sirviese — murieran / muriesen

oír (i > y)	morir (o > u)	servir (e > i)
oyera / oyese	....	sirviera / sirviese
....	murieras / murieses	....
....	muriera / muriese	....
oyéramos / oyésemos	....	....
....	....	sirvierais / sirvieseis
oyeran / oyesen	....	sirvieran / sirviesen

OBSERVA:

- El pretérito imperfecto de subjuntivo se conjuga a partir de la 3ª persona del plural (*ellos/ellas/ustedes*) del indefinido. Cuando esa persona es irregular, también lo son todas las personas del pretérito imperfecto de subjuntivo, por ejemplo:

  -i- → -y-, *como leer → leyeron → leyera / leyese.*

  -o- → -u-, *como dormir → durmieron → durmiera / durmiese.*

  -e- → -i-, *como sentir → sintieron → sintiera / sintiese.*

6 Conjuga estos verbos como en el modelo.

	indefinido	imperfecto de subjuntivo			
	ellos	yo	nosotros	vosotros	ellos
1. creer	*creyeron*	*creyera*	*creyéramos*	*creyerais*	*creyeran*
2. despedirse					
3. construir					
4. divertirse					
5. dormir					
6. elegir					
7. caer					

7 ¿Recuerdas la persona *ellos* del pretérito indefinido de los verbos *hacer, poner, tener* y *decir*? Completa su conjugación en imperfecto de subjuntivo.

pusiera / pusiese
tuviera / tuviese
dijerais / dijeseis
pusiéramos / pusiésemos
tuviéramos / tuviésemos
tuvieran / tuviesen
hicieran / hiciesen
pusierais / pusieseis
hicieras / hicieses
dijeras / dijeses
hiciera / hiciese
dijera / dijese

hacer (hicieron)
hiciera / hiciese
hiciéramos / hiciésemos
hicierais / hicieseis

poner (pusieron)	**tener** (tuvieron)	**decir** (dijeron)
	tuviera / tuviese	
pusieras / pusieses	tuvieras / tuvieses	
pusiera / pusiese		dijera / dijese
		dijéramos / dijésemos
	tuvierais / tuvieseis	
pusieran / pusiesen		dijeran / dijesen

ATENCIÓN:

- La irregularidad de la 3.ª persona del plural (*ellos/ellas/ustedes*) del pretérito indefinido se mantiene en **todo** el imperfecto de subjuntivo. Recuerda:
  - **-i-**, como en *hacer: hicie- → hicie**ra** / hicie**se**.*
  - **-u-**, como en *poner: pusie- → pusie**ra** / pusie**se**.*
  - **-uv-**, como *en tener: tuvie- → tuvie**ra** / tuvie**se**.*
  - **-j-**, como en *decir: dije- → dije**ra** / dije**se**.*

8 ¿Puedes completar la conjugación de estos verbos irregulares?

ser / ir (fueron)	**dar** (dieron)	**reducir** (redujeron)
fuera / fuese		redujera / redujese
	dieras / dieses	
fuéramos / fuésemos		
	dierais / dieseis	
		redujeran / redujesen

traer (trajeron)	**venir** (vinieron)	**poder** (pudieron)
	viniera / viniese	
		pudieras / pudieses
trajéramos / trajésemos		
trajerais / trajeseis	vinierais / vinieseis	
		pudieran / pudiesen

andar (anduvieron)	**estar** (estuvieron)
anduviera / anduviese	
	estuviera / estuviese
anduvieran / anduviesen	estuvieran / estuviesen

9 Transforma el indefinido en imperfecto de subjuntivo *(-ra)*.

1. tuve ⇒ ______
2. creíste ⇒ ______
3. tradujo ⇒ ______
4. utilizamos ⇒ ______
5. fuisteis ⇒ ______
6. siguieron ⇒ ______
7. sustituí ⇒ ______
8. dormimos ⇒ ______
9. vine ⇒ ______
10. leíste ⇒ ______
11. dijo ⇒ ______
12. nacimos ⇒ ______
13. disteis ⇒ ______
14. pidieron ⇒ ______
15. pusiste ⇒ ______
16. oísteis ⇒ ______

10 Conjuga estos verbos en pretérito imperfecto de subjuntivo (*-ra* y *-se*).

1. traducir, tú: ______
2. producir, ellos: ______
3. proponer, tú: ______
4. deshacer, usted: ______
5. poder, ellos: ______
6. atraer, vosotros: ______
7. haber, él: ______
8. oponerse, yo: ______
9. predecir, yo: ______
10. conducir, ustedes: ______
11. venir, ella: ______
12. traer, ustedes: ______
13. andar, yo: ______
14. ponerse, tú: ______

11 Conjuga los siguientes verbos en pretérito imperfecto de subjuntivo. Luego, busca en la sopa de letras una de las dos formas posibles de cada verbo.

1. caer, tú ⇒ *cayeras / cayeses*
2. hacer, ellos ⇒ ______ / ______
3. leer, él ⇒ ______ / ______
4. haber, nosotras ⇒ ______ / ______
5. estar, ellas ⇒ ______ / ______
6. pedir, nosotros ⇒ ______ / ______
7. ir/ser, él ⇒ ______ / ______
8. conducir, tú ⇒ ______ / ______
9. sugerir, ella ⇒ ______ / ______
10. traer, tú ⇒ ______ / ______
11. decir, vosotros ⇒ ______ / ______

H	I	**C**	I	E	R	A	N	P	D
U	S	**A**	W	S	R	G	H	I	I
B	U	**Y**	G	T	E	T	P	D	J
I	G	**E**	F	U	E	R	A	I	E
E	I	**R**	T	V	I	A	U	E	R
R	R	**A**	M	I	R	J	R	R	A
A	I	**S**	L	E	Y	E	R	A	I
M	E	U	M	R	I	R	I	M	S
O	R	S	T	A	E	A	O	O	E
S	A	R	I	N	R	S	N	S	G
C	O	N	D	U	J	E	R	A	S

¿MAÑANA IREMOS A LA PLAYA?

EL FUTURO

1 **¿Cómo se conjuga el futuro? Aquí tienes algunos ejemplos de verbos regulares en futuro.**

pregun**tar**	respond**er**	escrib**ir**
preguntar**é**	responder**é**	escribir**é**
preguntar**ás**	responder**ás**	escribir**ás**
preguntar**á**	responder**á**	escribir**á**
preguntar**emos**	responder**emos**	escribir**emos**
preguntar**éis**	responder**éis**	escribir**éis**
preguntar**án**	responder**án**	escribir**án**

! **OBSERVA:**

- El futuro se forma añadiendo sus terminaciones al infinitivo del verbo.
- Todas las terminaciones llevan tilde, excepto la que corresponde a la 1.ª persona del plural (*nosotros/nosotras*).

2 **Completa la tabla.**

caminar	**correr**	**subir**	**levantarse**	**irse**
caminaré	....	....	me levantaré	me iré
....	correrás	....	....	....
....	....	subirá	....	....
....	correremos	....	....	nos iremos
caminaréis	....	subiréis	....	....
....	....	....	se levantarán	....

3 Completa el ejercicio como en el modelo. No te olvides de las tildes.

1. buscar, vosotras: *buscaréis*
2. encontrar, tú: ....
3. .... : *trabajará*
4. .... : *descansaré*
5. llevar, ellos: ....
6. traer, nosotras: ....
7. .... : *se levantará*
8. .... : *se sentarán*
9. perder, nosotros: ....
10. ganar, vosotros: ....
11. .... : *me aburriré*
12. .... : *te divertirás*
13. explicar, ellas: ....
14. entender, yo: ....
15. .... : *enseñará*
16. .... : *aprenderás*

4 ¿Dónde pones estos verbos? Completa la conjugación.

hará · tendré · podrá · haremos · haréis · podrás · diréis · dirás · tendremos · diré · podrán · tendrán

tener	poder	decir	hacer
....	podré	....	haré
tendrás	....	....	harás
tendrá	....	dirá	....
....	podremos	diremos	....
tendréis	podréis	....	....
....	....	dirán	harán

! OBSERVA:

- Los futuros irregulares del ejercicio anterior no toman el infinitivo del verbo para conjugarse, sino que modifican la raíz del verbo:
  - Algunos cambian la vocal por una ***-d-***, como *tener* → *tendré*.
  - Otros suprimen una ***-e-***, como *poder* → *podré*.
  - Dos suprimen una ***-e-*** y una ***-c-***: *hacer* → *haré*, *decir* → *diré*

5 **También estos futuros son irregulares: fíjate en su raíz. ¿Puedes completar su conjugación?**

poner (pondr-)	**venir** (vendr-)	**salir** (saldr-)	**valer** (valdr-)
....	....	saldré	....
pondrás	....	....	....
....	vendrá	....	....
....	....	saldremos	....
pondréis	....	....	....
....	....	....	valdrán

querer (querr-)	**saber** (sabr-)	**haber** (habr-)	**caber** (cabr-)
....	sabré	....	....
....	....	....	cabrás
....	....	habrá	....
querremos	....	....	....
....	....	habréis	....
querrán	....	....	....

ATENCIÓN:

- La mayoría de los futuros son regulares. Cuando un verbo como *poner* es irregular, los verbos derivados de él, como *componer* o *proponer*, presentan la misma irregularidad: *poner* → *pondrá*; *componer* → *compondrá*.

6 Tacha la forma de futuro incorrecta y escribe la persona.

1. proponer, *yo* — ~~*proponeré*~~ / *propondré*
2. prevenir, ... *prevendremos / preveniremos*
3. mantener, ... *mantendrá / mantenerá*
4. deshacer, ... *desharéis / desharéis*
5. contradecir, ... *contradecirás / contradirás*
6. sobresalir, ... *sobresalirán / sobresaldrán*
7. contener, ... *conteneremos / contendremos*
8. componer, ... *compondrás / componerás*
9. intervenir, ... *intervendréis / interveniréis*
10. rehacer, ... *reharé / reharé*

7 Transforma de presente de indicativo a futuro.

soy	⇒	______	oigo	⇒	______	voy	⇒	______
vienes	⇒	______	piensas	⇒	______	prefieres	⇒	______
sugiere	⇒	______	se ríe	⇒	______	muere	⇒	______
sentimos	⇒	______	pedís	⇒	______	contamos	⇒	______
compiten	⇒	______	dicen	⇒	______	construyen	⇒	______
sé	⇒	______	conozco	⇒	______	advierto	⇒	______

8 Vamos a completar el ejercicio como en el modelo. ¡No olvides las tildes!

1. poder, ella: *podrá*
2. caber, ustedes: ....
3. .... : *vendrás*
4. .... : *querremos*
5. valer, ellos: ....
6. hacer, nosotras: ....
7. .... : *sabréis*
8. .... : *diré*
9. poner, nosotros: ....
10. salir, vosotros: ....
11. .... : *habrá*
12. .... : *tendré*
13. deshacer, ellas: ....
14. intervenir, yo: ....

9 Conjuga en futuro.

1. nacer, ella: ....
2. morir, ustedes: ....
3. aprobar, yo: ....
4. suspender, tú: ....
5. divertirse, nosotras: ....
6. aburrirse, vosotras: ....
7. querer, usted: ....
8. poder, yo: ....
9. perder, nosotros: ....
10. tener, vosotros: ....
11. venir, tú: ....
12. ir, ellos: ....
13. proponer, tú: ....
14. deshacer, yo: ....
15. saber, ellos: ....
16. olvidarse, él: ....
17. ponerse, vosotras: ....
18. quitarse, nosotras: ....
19. entrar, vosotros: ....
20. salir, ustedes: ....
21. decir, yo: ....
22. callarse, usted: ....
23. comprar, tú: ....
24. vender, nosotros: ....

10 Busca en la sopa de letras las siguientes formas verbales en futuro de indicativo.

opondré ⇒ *oponer, yo*
.... ⇒ salir, nosotros
.... ⇒ dar, nosotras
.... ⇒ querer, vosotros
.... ⇒ subir, tú
.... ⇒ deshacer, ellos
.... ⇒ pedir, ella
.... ⇒ valer, ellos
.... ⇒ contener, yo
.... ⇒ beber, ellas
.... ⇒ bajar, vosotras
.... ⇒ comer, él

S	A	L	D	R	E	M	O	S	Ñ
U	Z	W	A	X	J	H	P	L	L
B	C	F	R	I	Q	P	V	V	B
I	O	B	E	B	E	R	A	N	Q
R	N	A	M	D	C	M	L	K	U
A	T	J	**O**	**P**	**O**	**N**	**D**	**R**	**E**
S	E	A	S	E	M	P	R	Y	R
W	N	R	H	D	E	Ñ	A	R	R
Y	D	E	W	I	R	Y	N	Z	E
P	R	I	F	R	A	I	Z	M	I
D	E	S	H	A	R	A	N	P	S

11 **Coloca el infinitivo en su grupo, según su conjugación en futuro.**

regulares	

irregulares		
+ d	**(e)**	**(e) (c)**

traer, decir, querer, salir, ser, recordar, pasear, caber, poner, poder, hacer, venir, repetir, ir, haber, tener, saber, valer

ME GUSTARÍA, PERO...

EL CONDICIONAL

1 **¿Cómo se conjuga el condicional? Aquí tienes algunos ejemplos de verbos regulares en condicional.**

pregunt**ar**	respond**er**	escrib**ir**
preguntar**ía**	responder**ía**	escribir**ía**
preguntar**ías**	responder**ías**	escribir**ías**
preguntar**ía**	responder**ía**	escribir**ía**
preguntar**íamos**	responder**íamos**	escribir**íamos**
preguntar**íais**	responder**íais**	escribir**íais**
preguntar**ían**	responder**ían**	escribir**ían**

OBSERVA:

- El condicional se forma añadiendo sus terminaciones al infinitivo del verbo.
- Los verbos de las tres conjugaciones tienen las mismas terminaciones.
- La primera (*yo*) y la tercera (*él/ella/usted*) personas del singular se conjugan igual.
- Todas las terminaciones llevan tilde sobre la primera *-í*.

2 **¿Dónde pones estos verbos? Completa la conjugación y destaca la terminación.**

iríais · estarían · estaríamos · serías · sería · iríamos · serían · estaría · iría

estar	ser	ir
....	ser**ía**	....
estar**ías**	....	ir**ías**
estar**ía**	....	ir**ía**
....	ser**íamos**	....
estar**íais**	ser**íais**	....
....	....	ir**ían**

3 Completa el ejercicio como en el modelo. Recuerda las tildes.

1. dormir, vosotras: *dormiríais*
2. despertarse, yo: ....
3. .... : *venderían*
4. .... : *comprarías*
5. aburrirse, ella: ....
6. divertirse, nosotros: ....
7. .... : *responderíais*
8. .... : *preguntarían*
9. subir, nosotros: ....
10. bajar, usted: ....
11. .... : *me callaría*
12. .... : *hablarías*
13. recordar, él: ....
14. olvidarse, yo: ....
15. .... : *enseñarían*
16. .... : *aprenderías*
17. pedir, vosotros: ....
18. dar, nosotras: ....

4 ¿Recuerdas cómo se conjugan en futuro los verbos como *venir, querer y decir*? Completa la conjugación del condicional.

querrían | vendrías | querríamos | vendríais | diría

dirías | diríamos | vendría | querríais | querría

venir (vendr-)	**querer** (querr-)	**decir** (dir-)
vendría	....	diría
....	querrías	....
....	querría	....
vendríamos	....	....
....	....	diríais
vendrían	....	dirían

OBSERVA:

- Los verbos irregulares del ejercicio anterior forman su condicional a partir del futuro: *ven**ir** → vend**rá** → vend**ría**.*
- Cuando un verbo es irregular en futuro, en condicional presenta la misma irregularidad.
  1. *venir → ven**d**ría; tener → ten**d**ría, poner → pon**d**ría, valer → val**d**ría, salir → sal**d**ría.*
  2. *querer → que**rr**ía; saber → sab**r**ía; poder → pod**r**ía; haber → hab**r**ía; caber → cab**r**ía.*
  3. *decir → di**r**ía; hacer → ha**r**ía.*

5 Conjuga estos verbos, como en el modelo.

	Futuro	Condicional			
	yo	tú	él	nosotros	vosotros
1. saber	*sabré*	*sabrías*	*sabría*	*sabríamos*	*sabríais*
2. tener					
3. poder					
4. decir					
5. valer					
6. haber					
7. caber					
8. salir					
9. hacer					

6 Completa el ejercicio como en el modelo. No te olvides de los acentos.

1. saber, nosotras: *sabríamos*
2. haber, él ....
3. .... : *valdrías*
4. .... : *querríais*
5. venir, yo: ....
6. hacer, nosotras: ....
7. .... : *provendrían*
8. .... : *desharíais*
9. poner, nosotros: ....
10. salir, vosotros: ....
11. .... : *propondrías*
12. .... : *sobresaldría*
13. decir, ellas: ....
14. tener, yo: ....
15. .... : *contradirían*
16. .... : *mantendrías*

7 Transforma las siguientes formas de futuro a condicional.

1. creeré ⇒ *creería*
2. irán ⇒ ________
3. vendrá ⇒ ________
4. sugerirás ⇒ ________
5. volveré ⇒ ________
6. saldréis ⇒ ________
7. podréis ⇒ ________
8. seguiremos ⇒ ________
9. llevaré ⇒ ________
10. oirás ⇒ ________
11. tendremos ⇒ ________
12. querréis ⇒ ________
13. se reirá ⇒ ________
14. diremos ⇒ ________
15. traerán ⇒ ________
16. pondrán ⇒ ________

8 Conjuga los siguientes verbos en condicional.

1. oponerse, ella: ....
2. aceptar, ustedes: ....
3. llegar, nosotras: ....
4. saludar, vosotras: ....
5. marcharse, yo: ....
6. despedirse, tú: ....
7. regalar, nosotros: ....
8. mantener, vosotros: ....
9. querer, usted: ....
10. odiar, yo: ....
11. intervenir, tú: ....
12. ayudar, ellos: ....
13. construir, tú: ....
14. deshacer, yo: ....
15. saber, ellos: ....
16. explicar, él: ....
17. poder, vosotras: ....
18. hacer, nosotras: ....

9 Busca en la sopa de letras las siguientes formas verbales en condicional.

lavar, yo ⇒ *lavaría*
hacer, ellos ⇒ ....
sostener, ella ⇒ ....
navegar, tú ⇒ ....
poder, tú ⇒ ....
venir, nosotros ⇒ ....
ir, vosotros ⇒ ....
volver, vosotras ⇒ ....
decir, ellos ⇒ ....
saber, nosotros ⇒ ....

V	E	N	D	R	I	A	M	O	S
O	X	A	Ñ	Y	D	Z	P	W	A
L	**A**	**V**	**A**	**R**	**I**	**A**	O	R	B
V	Y	E	W	P	R	X	D	A	R
E	T	G	Q	Ñ	I	V	R	C	I
R	H	A	R	I	A	N	I	S	A
I	Z	R	F	K	N	B	A	O	M
A	W	I	R	I	A	I	S	J	O
I	K	A	H	J	Y	Ñ	B	T	S
S	O	S	T	E	N	D	R	I	A

Yo no lavaría la ropa blanca con la ropa oscura.

HOY NO HE PODIDO IR A CLASE.

LAS FORMAS DE PARTICIPIO PASADO Y LOS TIEMPOS COMPUESTOS

1 ¿Cómo se forma el participio regular?

pregunt**ar**	respond**er**	recib**ir**
pregunt**ado**	respond**ido**	recib**ido**

ATENCIÓN:

- Como el infinitivo, el participio es una forma no personal del verbo, es decir, que no indica ni la persona que realiza la acción ni el tiempo en que ésta sucede.
- En algunos casos, el participio también puede funcionar como un adjetivo y entonces sí varía en género y número. Compara:
  - *He recibido estas postales.*
  - *Las postales recibidas están encima de la mesa.*
- Conocer la formación de los participios pasados de los principales verbos en español es importante porque te ayudará a utilizar correctamente los tiempos compuestos (pretérito perfecto, pretérito pluscuamperfecto, etcétera).

2 ¿Dónde pones estos verbos? Completa la tabla, subraya la terminación y escribe el infinitivo, como en el modelo.

estado · tenido · comido · salido · estudiado · vivido

-ar	-er	-ir
habl**ado** ⇐ hablar	.... ⇐	.... ⇐ ....
.... ⇐	le**ído** ⇐ leer	.... ⇐ ....
.... ⇐	.... ⇐	repet**ido** ⇐ repetir

3 Transforma: infinitivo ⇔ participio.

buscar	⇒	*buscado*	encontrar	⇒	________
explicar	⇒	________	________	⇐	*entendido*
________	⇐	*enseñado*	________	⇐	*aprendido*
venir	⇒	________	ir	⇒	________
repetir	⇒	________	________	⇐	*sonreído*
________	⇐	*perdido*	________	⇐	*ganado*
trabajar	⇒	________	descansar	⇒	________
llevar	⇒	________	________	⇐	*traído*
________	⇐	*seguido*	________	⇐	*podido*

4 Transforma de presente de indicativo a participio.

1. viajo ⇒ *viajado*
2. subo ⇒ ....
3. corro ⇒ ....
4. siento ⇒ ....
5. prefiero ⇒ ....
6. sigo ⇒ ....
7. duermo ⇒ ....
8. cuento ⇒ ....
9. sé ⇒ ....
10. construyo ⇒ ....
11. traigo ⇒ ....
12. vendo ⇒ ....
13. compro ⇒ ....
14. vengo ⇒ ....
15. sugiero ⇒ ....
16. pido ⇒ ....
17. repito ⇒ ....
18. sueño ⇒ ....
19. conozco ⇒ ....
20. tengo ⇒ ....
21. doy ⇒ ....
22. canto ⇒ ....

5 Escribe estos participios junto a sus infinitivos correspondientes.

dicho · abierto · cubierto · hecho · visto · vuelto · puesto · escrito · muerto

roto	⇒ romper	________	⇒ morir
________	⇒ hacer	________	⇒ ver
________	⇒ poner	________	⇒ decir
________	⇒ escribir	________	⇒ abrir
________	⇒ volver	________	⇒ cubrir

ATENCIÓN:

- Los participios del ejercicio son irregulares.
- Cuando el participio de un verbo como *escribir* es irregular, los participios de los verbos derivados de él, como *describir* o *inscribir,* también lo son.
- Los verbos terminados en *-olver,* como *resolver,* terminan su participio en *-uelto.*

6 Vamos a completar el ejercicio como en el modelo.

1. resolver: *resuelto*
2. describir: ....
3. ....: *propuesto*
4. ....: *deshecho*
5. predecir: ....
6. suponer: ....
7. ....: *inscrito*
8. ....: *devuelto*
9. disolver: ....
10. reabrir: ....
11. ....: *previsto*
12. ....: *descubierto*

7 Escribe el participio de los siguientes verbos.

1. nacer: ____________
2. morir: ____________
3. decir: ____________
4. callar: ____________
5. buscar: ____________
6. descubrir: ____________
7. contradecir: ____________
8. proponer: ____________
9. romper: ____________
10. rehacer: ____________
11. ir: ____________
12. volver: ____________
13. ver: ____________
14. mirar: ____________

8 Busca en esta sopa de letras 9 participios; después, indica su infinitivo.

D	E	S	C	U	B	I	E	R	T	O
Q	Ñ	U	N	M	K	M	Q	W	Z	L
R	A	P	**D**	**E**	**V**	**U**	**E**	**L**	**T**	**O**
T	B	U	V	B	W	E	Q	R	X	Z
Y	I	E	S	D	F	R	G	H	J	R
D	E	S	C	R	I	T	O	G	F	O
I	R	T	Z	X	V	O	B	N	M	T
C	T	O	K	Y	P	V	I	S	T	O
H	O	H	J	K	L	Ñ	P	T	Y	Z
O	F	D	E	S	H	E	C	H	O	Z

devuelto ⇒ *devolver*

__________ ⇒ __________

__________ ⇒ __________

__________ ⇒ __________

__________ ⇒ __________

__________ ⇒ __________

__________ ⇒ __________

__________ ⇒ __________

__________ ⇒ __________

__________ ⇒ __________

ATENCIÓN:

- El participio pasado se utiliza para formar los tiempos compuestos, es decir, aquellos que están integrados por dos formas verbales:
  - La primera forma verbal es el verbo *haber* en forma personal y la segunda es el participio del verbo que se conjuga.
  - El verbo *haber* cambia para cada persona y tiempo mientras que el participio permanece siempre igual.

9 **Recuerda cómo se conjuga el verbo *haber* en los diferentes tiempos y completa las tablas con las formas verbales adecuadas.**

• **Modo indicativo**

pretérito perfecto		**pretérito pluscuamperfecto**		**pretérito anterior**	
haber presente	participio	*haber* imperfecto	participio	*haber* indefinido	participio
he	saltado		corrido	hube	subido
has		habías			
ha		había		hubo	
hemos				hubimos	
habéis		habíais			
han				hubieron	

futuro perfecto		**condicional perfecto**	
haber futuro	participio	*haber* condicional	participio
habré	estado		sido
		habrías	
habrá		habría	
habréis		habríais	

• **Modo subjuntivo**

pretérito perfecto		**pretérito pluscuamperfecto**	
haber presente	participio	*haber* imperfecto	participio
haya	tenido	/	venido
hayas		hubieras / hubieses	
		/	
		hubiéramos / hubiésemos	
hayáis		/	
		hubieran / hubiesen	

UNIDAD 1

2.

practicar	aprender	descubrir	llamarse
practic**o** practic**as** practic**a** practic**amos** practic**áis** practic**an**	aprend**o** aprend**es** aprend**e** aprend**emos** aprend**éis** aprend**en**	descubr**o** descubr**es** descubr**e** descubr**imos** descubr**ís** descubr**en**	me llam**o** te llam**as** se llam**a** nos llam**amos** os llam**áis** se llam**an**

3. **1.** hablar, vosotras: *habláis;* **2.** callarse, tú: *te callas;* **3.** *leer, él/ella/usted*: lee; **4.** *escribir, yo*: escribo; **5.** comer, ellos: *comen*; **6.** beber, nosotras: *bebemos;* **7.** *descansar, él/ella/usted*: descansa; **8.** *trabajar, ellos/ellas/ustedes*: trabajan; **9.** vivir, nosotros: *vivimos;* **10.** ganar, vosotros: *ganáis;* **11.** *recibir, yo*: recibo; **12.** *llamarse, tú*: te llamas; **13.** presentar, ellas: *presentan;* **14.** saludar, yo: *saludo;* **15.** *explicar, él/ella/usted*: explica; **16** *comprender, vosotros / vosotras*: comprendéis **17.** meterse, vosotros: *os metéis;* **18** sacar, nosotras: *sacamos.*

4.

ser	estar	ir	venir	tener	decir	oír
soy	estoy	voy	vengo	tengo	digo	oigo
eres	estás	vas	vienes	tienes	dices	oyes
es	está	va	viene	tiene	dice	oye
somos	estamos	vamos	venimos	tenemos	decimos	oímos
sois	estáis	vais	venís	tenéis	decís	oís
son	están	van	vienen	tienen	dicen	oyen

5. soy → somos; *está* ← están; oigo → *oímos*; *vengo* ← venimos; digo → *decimos*; voy → *vamos*; *tiene* ← tienen; va → *van*; *estoy* ← estamos; oyes → *oís*; dices → *decís*; *tienes* ← tenéis; oye → *oyen*; *tengo* ← tenemos; es → *son*; *vas* ← vais.

6. **1.** tener, él: *tiene*; **2.** venir, ustedes: *vienen*; **3.** *Ir, tú*: vas; **4.** *estar, nosotros/-as*: estamos; **5.** estar, ellas: *están*; **6.** oír, yo: *oigo*; **7.** *ser, vosotros/-as*: sois; **8.** *decir, yo*: digo; **9.** oír, nosotras: *oímos*; **10.** tener, vosotros: *tenéis*; **11.** *venir, él/ella/usted*: viene; **12.** *ir, yo*: voy; **13.** ser, tú: *eres*; **14.** decir, vosotras: *decís*.

7.

hacer	poner	salir	traer	caer
hago	pongo	salgo	traigo	caigo
haces	pones	sales	traes	caes
hace	pone	sale	trae	cae
hacemos	ponemos	salimos	traemos	caemos
hacéis	ponéis	salís	traéis	caéis
hacen	ponen	salen	traen	caen

ver	saber	dar	conocer	valer
veo	sé	doy	conozco	valgo
ves	sabes	das	conoces	vales
ve	sabe	da	conoce	vale
vemos	sabemos	damos	conocemos	valemos
veis	sabéis	dais	conocéis	valéis
ven	saben	dan	conocen	valen

8. **1.** *ve;* **2.** *traen;* **3.** *salgo;* **4.** *te pones;* **5.** *nos caemos;* **6.** *sabéis;* **7.** *vale;* **8.** *conozco;* **9.** *damos;* **10.** *hacéis;* **11.** *sé;* **12.** *valen;* **13.** *propones;* **14.** *deshago;* **15.** *veo;* **16.** *atraéis;* **17.** *hacemos;* **18.** *me opongo;* **19.** *doy;* **20.** *caen.*

9.

S	A	L	G	O	X	V	E	I	S
O	Q	W	E	R	T	O	U	Ñ	Z
M	A	S	D	F	O	Y	E	N	P
O	G	H	V	J	K	L	Ñ	B	O
S	H	S	A	B	E	I	S	V	N
J	N	M	L	R	T	X	H	C	E
D	I	C	E	S	I	R	A	P	S
A	K	A	N	V	E	N	G	O	Ñ
M	L	I	V	C	N	K	O	Q	Z
O	Ñ	G	S	Z	E	J	P	W	V
S	W	O	C	O	N	O	Z	C	O

salgo → salir, yo; *veis* → ver, vosotros; *oyen* → oír, ustedes; *sabéis* → saber, vosotras; dices → *decir*, tú; vengo → *venir*, yo; conozco → *conocer*, yo; *somos* → ser, nosotros; *damos* → dar, nosotras; *caigo* → caer, yo; *vale* → valer, él; *hago* → hacer, yo; *pones* → poner, tú; *tienen* → tener, ellas; voy → ir, yo.

10. **–zco:** conducir → *conduzco*; *introducir* → *introduzco*; *seducir* → *seduzco*; agradecer → *agradezco*; *ofrecer* → *ofrezco*; *permanecer* → *permanezco*. **–go:** *venir* → *vengo*; *tener* → *tengo*; *caer* → *caigo*; *oír* → *oigo*; *poner* → *pongo*; *decir* → *digo*; *hacer* → *hago*; *salir* → *salgo*; *traer* → *traigo*. **–oy:** *estar* → *estoy*; *ir* → *voy*; *dar* → *doy*.

UNIDAD 2

1.

pensar	poder	pedir	destruir
pi**e**nso pi**e**nsas pi**e**nsa pensamos pensáis pi**e**nsan	p**u**edo p**u**edes p**u**ede podemos podéis p**u**eden	p**i**do p**i**des p**i**de pedimos pedís p**i**den	destru**y**o destru**y**es destru**y**e destruimos destruís destru**y**en

2. **e > ie 1.** *se despierta*; **2.** *se sientan*; **3.** *empiezo*; **4.** *cierras*; **5.** *calientan*; **6.** *enciendes*; **7.** *defiende*; **8.** *pierdo*; **9.** *entienden*; **10.** *quieres*; **11.** *prefieres*; **12.** *sugieren*; **13.** *siento*; **14.** *se divierte*; **o > ue 1.** *me acuerdo*; **2.** *aprueban*; **3.** *sueñas*; **4.** *vuelo*; **5.** *cuestan*; **6.** *encuentra*; **7.** *se acuesta*; **8.** *cuento*; **9.** *prueban*; **10.** *vuelves*; **11.** *me muevo*; **12.** *duelen*; **13.** *duermo*; **14.** *mueres*; **e > i 1**. *sigue*; **2.** *se visten*; **3.** *me despido*; **4.** *repiten*; **5.** *corriges*; **6.** *ríen;* **+y 1.** *construyes*; **2.** *disminuyen*; **3.** *concluyes*; **4.** *huyo*; **5.** *distribuyen*; **6.** *sustituye*.

3. prefieres → *preferís*; *entiende* ← entienden; me divierto → *nos divertimos*; *empiezo* ← empezamos; te acuestas → *os acostáis*; duermo → *dormimos*; *duele* ← duelen; envuelves → *envolvéis*; *corrijo* ← corregimos; sonríes → *sonreís*; me despido → *nos despedimos*; *repites* ← repetís; distribuye → *distribuyen*; *construyo* ← construimos; sustituyes → *sustituís*; incluye ← *incluyen*.

4. **1.** perder: *pierdes*; **2.** volver: *vuelvo*; **3.** seguir: *siguen*; **4.** incluir: *incluyen*; **5.** despertar: *despiertas*; **6.** morir: *morimos*; **7.** competir: *compiten*; **8.** querer: *quieres*; **9.** calentar: *calentáis*; **10.** destruir: *destruye*; **11.** aprobar: aprueban; **12.** costar: *cuestan*; **13.** soñar; *sueñas* ; **14.** reír: *río/ríe*.

5. **1.** *reducir, yo*; **2.** *apretar*, tú; **3.** *atribuir*, yo; **4.** *negar*, tú; **5.** *comprobar*, él/ella/usted; **6.** *crecer*, yo; **7.** *reconstruir*, él/ella/usted; **8.** *elegir*, tú; **9.** *ascender*, tú; **10.** *servir*, ellos/ellas/ustedes; **11.** *demostrar*, él/ella/usted; **12.** *agradecer*, yo; **13.** *medir*, tú; **14.** *sonar*, ellos/ellas/ustedes; **15.** *fluir*, ellos/ellas/ustedes; **16.** *deducir*, yo.

-zco: reducir, crecer, agradecer, deducir. **e > ie**: apretar, negar, ascender. **e > i:** elegir, servir, medir. **o > ue:** comprobar, demostrar, sonar. -**uir > uy**: atribuir, reconstruir, fluir.

6.

recoger	**dirigir**	**vencer**	**zurcir**	**seguir**
recojo	dirijo	venzo	zurzo	sigo
recoges	diriges	vences	zurces	sigues
recoge	dirige	vence	zurce	sigue
recogemos	dirigimos	vencemos	zurcimos	seguimos
recogéis	dirigís	vencéis	zurcís	seguís
recogen	dirigen	vencen	zurcen	siguen

7. **1.** ejercer, ella: *ejerce*; **2.** convencer, yo: *convenzo*; **3.** *cocer, yo*: cuezo; **4.** *vencer, nosotros/-as*: vencemos; **5.** esparcir, ellos: *esparcen*; **6.** fruncir, yo: *frunzo*; **7.** *exigir*, tú: exiges; **8.** *corregir, yo*: corrijo; **9.** surgir, nosotras: *surgimos*; **10.** elegir, yo: elijo; **11.** *proteger, yo*: protejo; **12.** *escoger, vosotros/-as*: escogéis; **13.** coger, tú: *coges*; **14.** emerger, él: *emerge*; **15.** *distinguir, él/ella/usted*: distingue; **16.** *conseguir, vosotros/-as*: conseguís; **17.** perseguir, yo: *persigo*; **18.** seguir, nosotras: *seguimos*.

8. **1.** *cierra*; **2.** *quieren*; **3.** *prefiero*; **4.** *te despiertas*; **5.** *podemos*; **6.** *contáis*; **7.** *muere*; **8.** *vuelvo*; **9.** *nos vestimos*; **10.** *pedís*; **11.** *consigo*; **12.** *se ríen*; **13.** *distribuyes*; **14.** *destruyo*; **15.** *conozco*; **16.** *sustituís*; **17.** *aparecemos*; **18.** *agradezco*; **19.** *exijo*; **20.** *cojo*; **21.** *proteges*; **22.** *sigue*.

9.

C	O	N	S	I	G	O	Q	W	C
O	X	F	I	H	J	K	L	Ñ	U
N	M	P	R	O	T	E	J	O	E
S	I	N	V	I	E	R	T	E	L
T	T	S	E	D	L	Ñ	V	B	G
R	D	I	S	T	I	N	G	O	A
U	Z	X	C	V	J	B	O	G	H
Y	Q	W	S	D	O	F	B	Y	M
E	X	F	J	V	Q	T	I	T	U
N	A	T	I	E	N	D	E	N	E
X	Y	F	K	H	W	S	R	K	R
E	J	E	R	Z	O	R	N	Ñ	D
R	E	C	U	E	R	D	A	S	E

consigo → conseguir, yo; *protejo* → proteger, yo; *invierte* → invertir, él; *distingo* → distinguir, yo; *atienden* → atender, ellos; *ejerzo* → ejercer, yo; *recuerdas* → recordar, tú; *construyen* → construir, ellas; *sirves* → servir, tú; *elijo* → elegir, yo; *gobierna* → gobernar, él; *cuelga* → colgar, ella; *muerde* → morder, usted.

UNIDAD 3

2.

	saltar	correr	subir	callarse
tú	salt**a**	corr**e**	sub**e**	cáll**ate**
vosotros/-as	salt**ad**	corr**ed**	sub**id**	calla**os**
usted	salt**e**	corr**a**	sub**a**	cáll**ese**
ustedes	salt**en**	corr**an**	sub**an**	cáll**ense**

3. **1.** descansar, tú: *descansa*; **2.** levantarse, usted: *levántese*; **3.** *lavarse, vosotros/as*: lavaos; **4.** *peinarse, ustedes*: péinense; **5.** comer, ustedes: *coman*; **6.** beber, vosotras: *bebed*; **7.** *vender, usted*: venda; **8.** *comprar, tú*: compra; **9.** vivir, vosotras: *vivid*; **10.** quedarse, ustedes: *quédense*; **11.** *subir, tú*: sube; **12.** *bajar, usted*: baje.

4.

cerrar **[e > ie]**	volver **[o > ue]**	vestir **[e > i]**	destruir **[+y]**
c**ie**rra	v**ue**lve	v**i**ste	destru**y**e
cerrad	volved	vestid	destruid
c**ie**rre	v**ue**lva	v**i**sta	destru**y**a
c**ie**rren	v**ue**lvan	v**i**stan	destru**y**an

5. **1.** pensar: *piensa*, *pensad*; **2.** sentarse: *siéntate*, *sentaos*; **3.** defender: *defiende*, *defended*; **4.** divertirse: *diviértete*, *divertíos*; **5.** soñar: *sueña*, *soñad*; **6.** elegir: *elige*, *elegid*; **7.** dormir: *duerme*, *dormid*; **8.** empezar: *empieza*, *empezad*; **9.** entender: *entiende*, *entended*; **10.** sentir: *siente*, *sentid*; **11.** acostarse: *acuéstate*, *acostaos*; **12.** moverse: *muévete*, *moveos*; **13.** corregir: *corrige*, *corregid*; **14.** construir: *construye*, *construid*.

6. **1.** cerrar: *cierra, cierre*; **2.** despertarse: *despiértate, despiértese*; **3.** perderse: *piérdete, piérdase*; **4.** invertir: *invierte, invierta*; **5.** probarse: *pruébate, pruébese*; **6.** calentar: *calienta, calienten*; **7.** pedir: *pide, pidan*; **8.** repetir: *repite, repita*; **9.** encender: *encienden, enciendan*; **10.** sugerir: *sugieran.*

7.

hacer	poner	salir	venir	tener	decir
haz haced haga hagan	pon poned ponga pongan	sal salid salga salgan	ven venid venga vengan	ten tened tenga tengan	di decid diga digan

traducir	conocer	saber	ser	ir	oír
traduce traducid traduzca traduzcan	conoce conoced conozca conozcan	sabe sabed sepa sepan	sé sed sea sean	ve id vaya vayan	oye oíd oiga oigan

8. *vaya* → ir; *tenga* → tener; *diga* → decir; *caiga* → caer; *haga* → hacer; *salga* → salir; *traduzcan* → traducir; *conozca* → conocer; *sepan* → saber; *pongan* → poner; *oiga* → oír; *vengan* → venir; *conduzca* → conducir; *ofrezca* → ofrecer; *sea* → ser.

S	A	L	G	A	X	O	I	G	A
C	W	Q	R	T	B	F	U	Ñ	Z
O	T	E	N	G	A	R	E	N	P
N	Z	Ñ	V	P	Q	E	Ñ	S	O
D	T	R	A	D	U	Z	C	A	N
U	W	L	Y	B	F	C	H	H	G
Z	H	C	A	Z	S	A	A	T	A
C	P	A	T	V	E	N	G	A	N
A	T	I	G	C	P	T	A	Q	S
D	I	G	A	S	A	Y	T	X	E
Q	X	A	C	O	N	O	Z	C	A

9. **1.** tener, vosotros: *tened*; **2.** venir, tú: *ven*; **3.** *ir, usted*: vaya; **4.** *saber, ustedes*: sepan; **5.** poner, tú: *pon*; **6.** oír, usted: *oiga*; **7.** *ser, tú*: sé; **8.** *decir, ustedes*: digan **9.** caer, vosotras: *caed*; **10.** hacer, tú: *haz*; **11.** *traer, ustedes*: traigan; **12.** *salir, tú*: sal.

10. **1.** ponerse: *ponte, poneos*; **2.** salir: *sal, salid*; **3.** tener: *ten, tened*; **4.** caerse: *cáete, caeos*; **5.** saber: *sabe, sabed*; **6.** traer: *trae, traed*; **7.** decir: *di, decid*; **8.** ir: *ve, id*; **9.** oír: *oye, oíd*; **10.** ser: *sé, sed*; **11.** hacer: *haz, haced*; **12.** venir: *ven, venid*.

11. **1.** introducir: *introduce, introduzca*; **2.** producir: *produce, produzca*; **3.** agradecer: *agradece, agradezca*; **4.** seducir: *seduce, seduzca*; **5.** obedecer: *obedece, obedezca*; **6.** ofrecer: *ofrece, ofrezca*; **7.** nacer: *nace, nazca*; **8.** permanecer: *permanece, permanezca*; **9.** reducir: *reduce, reduzca*; **10.** desaparecer: *desaparece, desaparezcan*; **11.** traducir: traduce, *traduzcan*; **12.** conocer: *conoce, conozcan*.

12.

secar	cruzar	pagar	elegir	vencer	seguir
seca secad seque sequen	cruza cruzad cruce crucen	paga pagad pague paguen	elige elegid elija elijan	vence venced venza venzan	sigue seguid siga sigan

13. coloca → *coloque*; *protege* ← proteja; aparca → *aparque*; *elige* ← elija; coge → *coja*; empieza → *empiece*; *dirige* ← dirija; rechaza → *rechace*; *juega* ← juegue; caza → *cace*; apaga → *apague*; *persigue* ← persiga; llega → *llegue*; *convence* ← convenza; consigue → *consiga*; recoge → *recoja*.

14. **1.** despiértate **2.** levántense **3.** quitaos **4.** póngase **5.** entrad **6.** salgan. **7.** empiecen **8.** termina **9.** rompan **10.** haz **11.** sea **12.** oíd **13.** propón **14.** deshaga **15.** vengan **16.** vete **17.** di **18.** cállese **19.** traduzcan **20.** elegid **21.** construye **22.** ofrezca **23.** sientan **24.** piense **25.** duerman **26.** sueña **27.** reduzca **28.** aumenta **29.** aprende **30.** conozca

UNIDAD 4

2.

comprar	correr	subir
compr**e**	corr**a**	sub**a**
compr**es**	corr**as**	sub**as**
compr**e**	corr**a**	sub**a**
compr**emos**	corr**amos**	sub**amos**
compr**éis**	corr**áis**	sub**áis**
compr**en**	corr**an**	sub**an**

3. **1.** comprar, ella: *compre*; **2.** vender, yo: *venda*; **3.** *gastar, tú*: gastes; **4.** *consumir, nosotros/-as*: consumamos; **5.** cobrar, usted: *cobre*; **6.** alquilar, vosotras: *alquiléis*; **7.** *descansar, ellos/ellas/ustedes*: descansen; **8.** *cansarse, yo*: me canse; **9.** divorciarse, tú: *te divorcies*; **10.** casarse, usted: *se case*; **11.** *creer, nosotros/-as*: creamos; **12.** *imaginar, vosotros/-as*: imaginéis; **13.** aburrirse, ellas: *se aburran*; **14.** esperar, yo: *espere*; **15.** *deber, tú*: debas; **16.** *decidir, vosotros/-as*: decidáis; **17.** enamorarse, ellos: *se enamoren*; **18.** odiar, nosotras: *odiemos*.

4.

poder	pensar	sentir	pedir	dormir
p**ue**da	p**ie**nse	s**ie**nta	p**i**da	d**ue**rma
p**ue**das	p**ie**nses	s**ie**ntas	p**i**das	d**ue**rmas
p**ue**da	p**ie**nse	s**ie**nta	p**i**da	d**ue**rma
podamos	pensemos	sintamos	pidamos	durmamos
podáis	penséis	sintáis	pidáis	durmáis
p**ue**dan	p**ie**nsen	s**ie**ntan	p**i**dan	d**ue**rman

5. **1.** despertarse, ella: *se despierte*; **2.** aprobar, ustedes: *aprueben*; **3.** perder, tú: *pierdas*; **4.** envolver, nosotros/-as: *envolvamos*; **5.** gobernar, ellas: *gobiernen*; **6.** atender, yo: *atienda*; **7.** colar, vosotros/-as: *coléis*; **8.** rodar, tú: *ruedes*; **9.** demostrar, yo: *demuestre*; **10.** apretar, vosotros: *apretéis*.

6. **1.** cierro → *cierre*; **2.** queremos → *queramos*; **3.** vuelven → *vuelvan*; **4.** contamos → *contemos*; **5.** piensan → *piensen*; **6.** volamos → *volemos*; **7.** encontráis → *encontréis*; **8.** pensáis → *penséis*; **9.** apruebo → *apruebe*; **10.** sueña → *sueñe*; **11.** puedes → *puedas*; **12.** cuesta → *cueste*.

7. **1.** divertirse, ellas: *se diviertan*; **2.** sentir, yo: *sienta*; **3.** sonreír, vosotros/-as: *sonriáis*; **4.** dormir, tú: *duermas*; **5.** vestirse, él: *se vista*; **6.** repetir, ustedes: *repitan*; **7.** hervir, tú: *hiervas*; **8.** sugerir, nosotros/-as: *sugiramos*; **9.** preferir, usted: *prefiera*; **10.** morir, vosotros: *muráis*.

8. me acueste → *nos acostemos*; *cerramos* ← cerremos; me divierta → *nos divirtamos*; *entienda* ← entiendan; sonrías → *sonriáis*; *sirva* ← sirvamos; envuelvas → *envolváis*; *duela* ← duelan; duerma → *duerman*; encuentres → *encontréis*; sientas → *sintáis*; *repitas* ← repitáis.

9.

hacer	conocer	destruir
haga	conozca	destruya
hagas	conozcas	destruyas
haga	conozca	destruya
hagamos	conozcamos	destruyamos
hagáis	conozcáis	destruyáis
hagan	conozcan	destruyan

10. **1.** tengo → *tenga*; **2.** tenemos → *tengamos*; **3.** traduzco → *traduzca*; **4.** traducen → *traduzcan*; **5.** construyo → *construya*; **6.** construye → *construya*; **7.** traigo → *traiga*; **8.** traemos → *traigamos*; **9.** digo → *diga*; **10.** decís → *digáis*; **11.** nazco → *nazca*; **12.** nace → *nazca*.

11.

ver	ser	haber	ir	dar	estar	saber
vea	sea	haya	vaya	dé	esté	sepa
veas	seas	hayas	vayas	des	estés	sepas
vea	sea	haya	vaya	dé	esté	sepa
veamos	seamos	hayamos	vayamos	demos	estemos	sepamos
veáis	seáis	hayáis	vayáis	deis	estéis	sepáis
vean	sean	hayan	vayan	den	estén	sepan

12.

P	Q	W	**S**	**E**	**P**	**A**	**S**	**H**	Ñ
O	**I**	**G**	**A**	F	G	**V**	J	**A**	**H**
N	Ñ	J	**L**	**T**	**R**	**A**	**I**	**G**	**A**
G	Z	X	**G**	V	B	**Y**	M	**A**	**Y**
A	**V**	**E**	**A**	**N**	B	**A**	P	**N**	**A**
M	Q	R	W	**V**	T	**N**	**C**	Ñ	**S**
O	G	D	**T**	**E**	**N**	**G**	**A**	X	Z
S	**E**	**A**	Z	**N**	H	J	**I**	C	E
Ñ	K	B	Q	**G**	Y	L	**G**	V	S
P	**D**	**I**	**G**	**A**	F	S	**A**	B	T
D	**E**	**M**	**O**	**S**	S	Ñ	M	N	E

1. *sepas* → saber; **2.** *oiga* → oír; **3.** *tenga* → tener; **4.** *pongamos* → poner; **5.** *vayan* → ir; **6.** *hayas* → haber; **7.** *demos* → dar; **8.** *vean* → ver; **9.** *vengas* → venir; **10.** *hagan* → hacer; **11.** *traiga* → traer; **12.** *sea* → ser; **13.** *digáis* → decir; **14.** *salga* → salir; **15.** *caiga* → caer.

13.

secar	empezar	llegar	coger	cocer	seguir
seque	empiece	llegue	coja	cueza	siga
seques	empieces	llegues	cojas	cuezas	sigas
seque	empiece	llegue	coja	cueza	siga
sequemos	empecemos	lleguemos	cojamos	cozamos	sigamos
saquéis	empiecéis	lleguéis	cojáis	cozáis	sigáis
sequen	empiecen	lleguen	cojan	cuezan	sigan

UNIDAD 5

2.

llevar	tener	sentir
llev**aba**	ten**ía**	sent**ía**
llev**abas**	ten**ías**	sent**ías**
llev**aba**	ten**ía**	sent**ía**
llev**ábamos**	ten**íamos**	sent**íamos**
llevab**ais**	ten**íais**	sent**íais**
llev**aban**	ten**ían**	sent**ían**

3\. **1.** dormir, vosotras: *dormíais*; **2.** parecerse, yo: *me parecía*; **3.** medir, ellos/ellas/ ustedes: *medían*; **4.** pesar, nosotros/-as: *pesábamos*; **5.** gustar, ella: *gustaba*; **6.** molestar, él: *molestaba*; **7.** vivir, vosotros/-as: *vivíais*; **8.** alojarse, yo: *me alojaba*; **9.** haber, él: *había*; **10.** hacer, tú: *hacías*; **11.** caminar, tú: *caminabas*; **12.** moverse, él/ella/usted: *se movía*; **13.** correr, nosotros: *corríamos*; **14.** nadar, vosotros: *nadabais*; **15.** llorar, ellos/ellas/ustedes: *lloraban*; **16.** reírse, tú: *te reías*.

4\.

ser	ver	ir
era	veía	iba
eras	veías	ibas
era	veía	iba
éramos	veíamos	íbamos
erais	veíais	ibais
eran	veían	iban

5\. **1.** estoy: *estaba*; **2.** se sienten: *se sentían*; **3.** vivís: *vivíais*; **4.** utilizo: *utilizaba*; **5.** cocinas: *cocinabas*; **6.** vas: *ibas*; **7.** sé: *sabía*; **8.** lleváis: *llevabais*; **9.** parecemos: *parecíamos*; **10.** trabajan: *trabajaban*; **11.** viajamos: *viajábamos*; **12.** limpiáis: *limpiabais*; **13.** venimos: *veníamos*; **14.** conozco: *conocía*; **15.** tienes: *tenías*; **16.** eres: *eras*; **17.** estudia: *estudiaba*; **18.** preparas: *preparabas*.

6\. **1.** veíais; **2.** miraban; **3.** oía; **4.** escuchabas; **5.** nos caíamos; **6.** se levantaba; **7.** traía; **8.** llevaba; **9.** recibíamos; **10.** dabais; **11.** iba; **12.** venían; **13.** parecías; **14.** era; **15.** pensaba; **16.** sentíais; **17.** regresábamos; **18.** me marchaba.

7\.

E	S	T	A	B	A	M	O	S
R	X	E	W	A	R	O	A	U
A	P	N	G	J	E	V	M	B
X	L	I	B	A	O	I	A	I
V	I	A	T	B	D	A	B	A
E	Q	M	M	A	I	I	A	M
I	P	O	D	I	A	Y	N	O
A	E	S	N	S	B	O	I	S
S	P	E	D	I	A	N	S	N

1. *oía* → oír; **2.** *veías* → ver; **3.** *bajabais* → bajar; **4.** *odiaba* → odiar; **5.** *movía* → mover; **6.** *iba* → ir; **7.** *pedían* → pedir; **8.** *era* → ser; **9.** *teníamos* → tener; **10.** *subíamos* → subir; **11.** *amaban* → amar; **12.** *estábamos* → estar; **13.** *daba* → dar; **14.** *podía* → poder

8\. **1.** poner, yo - él/ella/usted: *ponía*; **2.** Abrir, nosotros/-as: *abríamos*; **3.** Saludar, yo - él/ella/usted: *saludaba*; **4.** Hacer, vosotros/-as: *hacíais*; **5.** Decir, tú: *decías*; **6.** Andar, ellos/ellas/ustedes: *andaban*; **7.** Tener, nosotros/-as: *teníamos*; **8.** Comer, tú: *comías*; **9.** Venir, vosotros/-as: *veníais*; **10.** Hablar, yo - él/ella/usted: *hablaba*.

9. **1.** *descansar, nosotros/-as*; **2.** *cansarse, ellos/ellas/ustedes*; **3.** *recibir, yo - él/ella/usted*; **4.** *despedirse, vosotros/-as*; **5.** *ocultar, ellos/ellas/ustedes*; **6.** *descubrir, yo - él/ella/usted*; **7.** *dirigir, yo - él/ella/usted*; **8.** *organizar, yo - él/ella/usted*; **9.** *alejarse, nosotros/-as*; **10.** *acercarse, vosotros/-as*; **11.** *proponer, ellos/ellas/ustedes*; **12.** *aceptar, yo - él/ella/usted*.

10. estaba → estábamos; *veía* ← veían; vivía → *vivíamos/vivían*; *traía* ← traíamos; volaba → *volábamos/volaban*; era → *éramos/eran*; *podías* ← podíais; empezabas → *empezabais*; *llevabas* ← llevabais; volvías → *volvíais*; ibas → *ibais*; *sabía* ← sabíamos; terminaba → *terminábamos/terminaban*; *cocinaba* ← cocinaban; subía → *subíamos/subían*.

UNIDAD 6

2.

cerrar	mover	salir
cerr**é**	mov**í**	sal**í**
cerr**aste**	mov**iste**	sal**iste**
cerr**ó**	mov**ió**	sal**ió**
cerr**amos**	mov**imos**	sal**imos**
cerr**asteis**	mov**isteis**	sal**isteis**
cerr**arón**	mov**ieron**	sal**ieron**

3. **1.** aceptar, nosotros: *aceptamos*; **2.** rechazar, tú: *rechazaste*; **3.** vender, él/ella/usted: *vendió*; **4.** comprar, yo: *compré*; **5.** romperse, ellos: *se rompieron*; **6.** suspender, vosotras: *suspendisteis*; **7.** sentarse, él/ella/usted: *se sentó*; **8.** levantarse, ellos/ellas/ustedes: *se levantaron*; **9.** acercarse, nosotras: *nos acercamos*; **10.** alejarse, vosotros: *os alejasteis*; **11.** quedarse, yo: *me quedé*; **12.** viajar, tú: *viajaste*.

4. **1.** se acuerda → *se acordó*; **2.** se mueven → *se movieron*; **3.** os sentáis → *os sentasteis*; **4.** aprieto → *apreté*; **5.** defiendes → *defendiste*; **6.** llueve → *llovió*; **7.** sueña; → *soñó*; **8.** apruebo → *aprobé*; **9.** entiende → *entendió*; **10.** contamos → *contamos*.

5.

andar	poder	venir
anduv**e**	pud**e**	vin**e**
anduv**iste**	pud**iste**	vin**iste**
anduv**o**	pud**o**	vin**o**
anduv**imos**	pud**imos**	vin**imos**
anduv**isteis**	pud**isteis**	vin**isteis**
anduv**ieron**	pud**ieron**	vin**ieron**

6.

estar	tener	querer	hacer	poner	saber
estuve	tuve	quise	hice	puse	supe
estuviste	tuviste	quisiste	hiciste	pusiste	supiste
estuvo	tuvo	quiso	hizo	puso	supo
estuvimos	tuvimos	quisimos	hicimos	pusimos	supimos
estuvisteis	tuvisteis	quisisteis	hicisteis	pusisteis	supisteis
estuvieron	tuvieron	quisieron	hicieron	pusieron	supieron

haber	caber	traer	decir	conducir
hube	cupe	traje	dije	conduje
hubiste	cupiste	trajiste	dijiste	condujiste
hubo	cupo	trajo	dijo	condujo
hubimos	cupimos	trajimos	dijimos	condujimos
hubisteis	cupisteis	trajisteis	dijisteis	condujisteis
hubieron	cupieron	trajeron	dijeron	condujeron

7. estuve → *estuvimos*; *tuvo* ← tuvieron; vine → *vinimos*; *traje* ← trajimos; quiso → *quisieron*; *pudiste* ← pudisteis; dijo → *dijeron*; *tradujiste* ← tradujisteis; hizo → *hicieron*; anduviste → *anduvisteis*; *supe* ← supimos; pusiste → *pusisteis*; *condujo* ← condujeron; cupiste → *cupisteis.*

8. **1.** tener, ella: *tuvo*. **2.** *querer*, tú: quisiste. **3.** *conducir*, nosotros/-as: condujimos. **4.** estar, yo: *estuve*. **5.** traer, ellas: trajeron. **6.** saber, vosotros/-as: *supisteis*. **7.** *poner*, él/ella/usted: puso. **8.** traducir, vosotros: *tradujisteis*. **9.** *haber*, él/ella/usted: hubo. **10.** *poder*, yo: pude. **11.** hacer, él: *hizo*. **12.** decir, ellos: *dijeron*.

9. **1.** vino. **2.** trajeron. **3.** anduve. **4.** te pusiste. **5.** quisimos. **6.** supisteis. **7.** estuve. **8.** dijimos. **9.** produjeron. **10.** propusiste. **11.** deshizo. **12.** pudieron. **13.** atrajisteis. **14.** hubo. **15.** me opuse. **16.** detuviste.

10.

dar	ser	ir
di	fui	fui
diste	fuiste	fuiste
dio	fue	fue
dimos	fuimos	fuimos
disteis	fuisteis	fuisteis
dieron	fueron	fueron

11.

S	U	P	I	S	T	E	X	A	Z	Q
U	Q	U	W	F	R	G	H	N	J	U
B	A	D	M	K	A	L	P	D	Ñ	I
I	R	O	T	E	J	Y	Z	U	D	S
E	S	T	U	V	O	K	P	V	I	O
R	Z	X	B	I	H	I	C	E	J	M
O	Ñ	P	N	N	D	Y	T	B	I	P
N	T	U	V	I	M	O	S	G	S	E
J	M	S	M	M	R	L	K	F	T	N
F	H	E	C	O	N	D	U	J	E	S
U	T	P	C	S	Q	W	H	Q	S	E
E	G	D	I	O	Z	B	E	B	I	O

pensar, yo → *pensé*; ver, él → *vio*; beber, ella → *bebió*; subir, ellos → *subieron*; dar, él → *dio*; ser/ir, ella → *fue*; tener, nosotros → *tuvimos*; estar, él → *estuvo*; andar, yo → *anduve*; saber, tú → *supiste*; poner, yo → *puse*; poder, ella → *pudo*; venir, nosotros → *vinimos*; querer, él → *quiso*; hacer, yo → *hice*; decir, tú → *dijiste*; traer, ella → *trajo*; conducir, yo → *conduje*.

UNIDAD 7

1.

leer (i > y)	dormir (o > u)	sentir (e > i)
leí	dormí	sentí
leíste	dormiste	sentiste
le**y**ó	d**u**rmió	s**i**ntió
leímos	dormimos	sentimos
leísteis	dormisteis	sentisteis
le**y**eron	d**ur**mieron	s**i**ntieron

2. **i** > **y 1**. cayó. **2.** releyeron. **3.** creíste. **4.** poseyó. **5.** proveyeron. **6.** roímos. **7.** oí. **8.** corroyeron. **9.** sustituyó. **10.** intuisteis. **11.** construí. **12.** disminuyeron. **13.** concluyó. **14.** huí.

o > **u 1.** durmió **2.** murieron. **e** > **i**. **1.** siguió. **2.** se vistieron. **3.** te despediste. **4.** consiguió. **5.** repitieron. **6.** corregimos. **7.** perseguí. **8.** compitieron. **9.** se rió. **10.** sonreísteis. **11.** invertiste. **12.** prefirió. **13.** sugirieron. **14.** se divirtió.

3. elegí → *elegimos*; *durmió* ← durmieron; me divertí → *nos divertimos*; *influyó* ← influyeron; *sustituiste* → sustituisteis; sugeriste → *sugeristeis*; *oyó* ← oyeron; corregiste ← *corregisteis*; sonrió → *sonrieron*; se cayó → *se cayeron*; *invirtió* ← invirtieron; leyó → *leyeron*; *construí* ← construimos; murió → *murieron*.

4. **1.** se viste → se vistió; **2.** se ríen → se rieron; **3.** perseguís → perseguisteis; **4.** sirvo → serví; **5.** inviertes → invertiste; **6.** se divierte → se divirtió; **7.** hierven → hirvieron; **8.** conseguís → conseguisteis; **9.** competimos → competimos; **10.** repiten → repitieron; **11.** siguen → siguieron; **12.** preferimos → preferimos; **13.** mentís → mentisteis; **14.** advertimos → advertimos **15.** corrijo → corregí; **16.** sonríes → sonreíste; **17.** impides → impediste; **18.** se despide → se despidió.

5.

	yo	tú	el	nosotros	vosotros	ellos
invertir	*invertí*	*invertiste*	*inv**i**rtió*	invertimos	invertisteis	inv**i**rtieron
repetir	repetí	repetiste	rep**i**tió	repetimos	repetisteis	rep**i**tieron
preferir	preferí	preferiste	pref**i**rió	preferimos	preferisteis	pref**i**rieron
elegir	elegí	elegiste	el**i**gió	elegimos	elegisteis	el**i**gieron
sugerir	sugerí	sugeriste	sug**i**rió	sugerimos	sugeristeis	sug**i**rieron
corregir	corregí	corregiste	corr**i**gió	corregimos	corregisteis	corr**i**gieron

6. **1.** releer, nosotros: *releímos*. **2.** morir, ella: *murió*. **3.** creer, él/ella/usted: *creyó*. **4.** competir, yo: *competí*. **5.** destruirse, ellos: *se destruyeron*. **6.** sugerir, vosotras: *sugeristeis*. **7.** despedirse, él/ella/usted: *se despidió*. **8.** vestirse, ellos/ellas/ustedes: *se vistieron*. **9.** poseer, vosotras: *poseisteis*. **10.** herirse, vosotros: *os heristeis*. **11.** reírse, yo: *me reí*. **12.** pedir, tú: *pediste*.

7.

practicar	**analizar**	**jugar**
practiqué	analicé	jugué
practicaste	analizaste	jugaste
practicó	analizó	jugó
practicamos	analizamos	jugamos
practicasteis	analizasteis	jugasteis
practicaron	analizaron	jugaron

8. **1.** llegar: *llegué*, *llegaste*; **2.** sacar: *saqué*, *sacaste*; **3.** utilizar: *utilicé*, *utilizaste*; **4.** chocar: *choqué*, *chocaste*; **5.** pescar: *pesqué*, *pescaste*; **6.** dedicarse: *me dediqué*, *te dedicaste*; **7.** negar: *negué*, *negaste*; **8.** jugar: *jugué*, *jugaste*; **9.** pagar: *pagué*, *pagaste*; **10.** aparcar: *aparqué*, *aparcaste*; **11.** cazar: *cacé*, *cazaste*; **12.** empezar: *empecé*, *empezaste*.

9. **1.** secar: *sequé*, *secó*; **2.** tropezar: *tropecé*, *tropezó*; **3.** segar: *segué*, *segó*; **4.** aplazar: *aplacé*, *aplazó*; **5.** desplazarse: *me desplacé*, *se desplazó*; **6.** dedicarse: *me dediqué*, *se dedicó*; **7.** tocar: *toqué*, *tocó*; **8.** colgar: *colgué*, *colgó*; **9.** regar: *regué*, *regó*; **10.** rogar: *rogué*, *rogó*; **11.** comenzar: *comencé*, *comenzó*; **12.** empezar: *empecé*, *empezó*.

10. **1.** *sustituyó*. **2.** *se despidieron*. **3.** *creíste*. **4.** *murió*. **5.** *consiguieron*. **6.** *sonreímos*. **7.** *ataqué*. **8.** *negué*. **9.** *reñiste*. **10.** *cazaron*. **11.** *poseyó*. **12.** *empecé*. **13.** *se divirtieron*. **14.** *aparcó*. **15.** *pagué*. **16.** *frieron*.

11.

D	**E**	**S**	**P**	**L**	**A**	**C**	**E**	A	Z	**U**
N	**X**	U	W	F	R	G	H	X	J	**T**
B	**P**	**E**	**G**	**U**	**E**	L	P	R	Ñ	**I**
V	**L**	O	T	E	**H**	Y	**D**	**O**	D	**L**
D	**I**	**S**	**T**	**R**	**I**	**B**	**U**	**Y**	**O**	**I**
R	**Q**	X	**M**	E	**R**	I	**R**	**E**	J	**C**
M	**U**	**R**	**I**	**O**	**V**	Y	**M**	**R**	**L**	**E**
N	**E**	U	**N**	E	**I**	O	**I**	**O**	**L**	Q
J	M	S	**T**	M	**E**	L	**O**	**N**	**E**	W
F	H	**R**	**I**	**E**	**R**	**O**	**N**	J	**G**	R
U	T	P	**O**	S	**O**	W	H	Q	**U**	T
S	**A**	**Q**	**U**	**E**	**N**	R	Y	D	**E**	A

1. *desplacé* → desplazar, yo; **2.** *expliqué* → explicar, yo; **3.** *llegué* → llegar, yo; **4.** *durmió* → dormir, él; **5.** *oyeron* → oír, ustedes; **6.** *hirvieron* → hervir, ellos; **7.** *rieron* → reír, ellas. **8.** *utilicé* → utilizar, yo; **9.** *saqué* → sacar, yo; **10.** *pegué* → pegar, yo; **11.** *murió* → morir, ella; **12.** *distribuyó* → distribuir, usted; **13.** *mintió* → mentir, él.

12. **1.** distrajimos: *distraer*, nosotros/-as. **2.** hirieron: *herir*, ellos/ellas/ustedes. **3.** influyó: *influir*, él/ella/usted. **4.** obtuvisteis: *obtener*, vosotros/-as. **5.** impidieron: *impedir*, ellos/ellas/ustedes. **6.** prosiguió: *proseguir*, él/ella/usted. **7.** recayó: recaer, él/ella/usted. **8.** abracé: *abrazar*, yo. **9.** rehicimos: *rehacer*, nosotros/-as. **10.** intervinisteis: *intervenir*, vosotros/-as. **11.** convirtieron: *convertir*, ellos/ellas/ustedes. **12.** apliqué: *aplicar*, yo. **13.** navegué: *navegar*, yo. **14.** interviniste: *intervenir*, tú. **15.** atribuyeron: *atribuir*, ellos/ellas/ustedes. **16.** pequé: *pecar*, yo. **17.** contradijiste: *contradecir*, tú. **18.** supuse: *suponer*, yo.

UNIDAD 8

2.

viajar	ver	salir
viaj**ara**/viaj**ase**	**viera/viese**	sali**era**/sal**iese**
viaj**aras**/viaj**ases**	**vieras/vieses**	sali**eras**/sal**ieses**
viaj**ara**/viaj**ase**	**viera/viese**	sali**era**/sal**iese**
viaj**áramos**/viaj**ásemos**	**viéramos/viésemos**	sali**éramos**/sal**iésemos**
viaj**arais**/viaj**aseis**	**vierais/vieseis**	sali**erais**/sal**ieseis**
viaj**aran**/viaj**asen**	**vieran/viesen**	sali**eran**/sal**iesen**

3. pensaras → *pensases*; *cerráramos* ← cerrásemos; lloviera → *lloviese*; *entendierais* ← entendieseis; contaran → *contasen*; *aprobara* ← aprobase; te acostaras → *te acostases*; *probáramos* ← probásemos; envolviera → *envolviese*; *apretarais* ← apretaseis; movieran → *moviesen*; *acertara* ← acertase; encontraras → *encontrases*; *negáramos* ← negásemos; encendiera → *encendiese*; *volvierais* ← volvieseis.

4. **1.** aceptar, ella: *aceptara/aceptase*. **2.** rechazar, yo: *rechazara/rechazase*. **3.** *estudiar*, tú: estudiaras. **4.** *aprender*, nosotros/-as: aprendiéramos. **5.** prometer, usted: *prometiera/prometiese*. **6.** olvidar, vosotras: *olvidarais/olvidaseis*. **7.** *cortar*, ellos/ellas/ustedes: cortasen. **8.** *coser*, tú: cosieses. **9.** atreverse, tú: *te atrevieras/te atrevieses*. **10.** intentar, usted: *intentara/intentase*.

5.

oír (i > y)	**morir (o > u)**	**servir (e > i)**
oyera/oyese	muriera/muriese	sirviera/sirviese
oyeras/oyeses	murieras/murieses	sirvieras/sirvieses
oyera/oyese	muriera/muriese	sirviera/sirviese
oyéramos/oyésemos	muriéramos/muriésemos	sirviéramos/sirviésemos
oyerais/oyeseis	murierais/murieseis	sirvierais/sirvieseis
oyeran/oyesen	murieran/muriesen	sirvieran/sirviesen

6. **2. despedirse**: se despidieron, me despidiera, nos despidiéramos, os despidierais, se despidieran; **3. construir**: construyeron, construyera, construyéramos, construyerais, construyeran; **4. divertirse**: se divirtieron, me divirtiera, nos divirtiéramos, os divirtierais, se divirtieran; **5. dormir**: durmieron, durmiera, durmiéramos, durmierais, durmieran; **6. elegir**: eligieron, eligiera, eligiéramos, eligierais, eligieran; **7. caer**: cayeron, cayera, cayéramos, cayerais, cayeran.

7.

hacer (hicieron)	**poner (pusieron)**	**tener (tuvieron)**	**decir (dijeron)**
hiciera/hiciese	pusiera/pusiese	tuviera/tuviese	dijera/dijese
hicieras/hicieses	pusieras/pusieses	tuvieras/tuvieses	dijeras/dijeses
hiciera/hiciese	pusiera/pusiese	tuviera/tuviese	dijera/dijese
hiciéramos/hiciésemos	pusiéramos/pusiésemos	tuviéramos/tuviésemos	dijéramos/dijésemos
hicierais/hicieseis	pusierais/pusieseis	tuvierais/tuvieseis	dijerais/dijeseis
hicieran/hiciesen	pusieran/pusiesen	tuvieran/tuviesen	dijeran/dijesen

8.

ser/ir (fueron)	**dar (dieron)**	**estar (estuvieron)**	**andar (anduvieron)**
fuera/fuese	diera/diese	estuviera/estuviese	anduviera/anduviese
fueras/fueses	dieras/dieses	estuvieras/estuvieses	anduvieras/anduvieses
fuera/fuese	diera/dieses	estuviera/estuviese	anduviera/anduviese
fuéramos/fuésemos	diéramos/diésemos	estuviéramos/estuviésemos	anduviéramos/anduviésemos
fuerais/fueseis	dierais/dieseis	estuvierais/estuvieseis	anduvierais/anduvieseis
fueran/fuesen	dieran/diesen	estuvieran/estuviesen	anduvieran/anduviesen

venir (vinieron)	poder (pudieron)	traer (trajeron)	reducir (redujeron)
viniera/viniese vinieras/vinieses viniera/viniese viniéramos/ viniésemos vinierais/vinieseis vinieran/viniesen	pudiera/pudiese pudieras/pudieses pudiera/pudiese pudiéramos/ pudiésemos pudierais/pudieseis pudieran/pudiesen	trajera/trajese trajeras/trajeses trajera/trajese trajéramos/ trajésemos trajerais/trajeseis trajeran/trajesen	redujera/redujese redujeras/redujeses redujera/redujese redujéramos/ redujésemos redujerais/redujeseis redujeran/redujesen

9. **1.** tuve → tuviera; **2.** creíste → creyeras; **3.** tradujo → tradujera; **4.** utilizamos → utilizáramos; **5.** fuisteis → fuerais; **6.** siguieron → siguieran; **7.** sustituí → sustituyera **8.** dormimos → durmiéramos; **9.** vine → viniera; **10.** leíste → leyeras; **11.** dijo → dijera; **12.** nacimos → naciéramos; **13.** disteis → dierais; **14.** pidieron → pidieran; **15.** pusiste → pusieras; **16.** oísteis → oyerais.

10. **1.** *tradujeras/tradujeses.* **2.** *produjeran/produjesen.* **3.** *propusieras/propusieses.* **4.** *deshiciera/deshiciese.* **5.** *pudieran/pudiesen.* **6.** *atrajerais/atrajeseis.* **7.** *hubiera/hubiese.* **8.** *me opusiera/me opusiese.* **9.** *predijera/predijese.* **10.** *condujeran/condujesen.* **11.** *viniera/viniese.* **12.** *trajeran/trajesen.* **13.** *anduviera/anduviese.* **14.** *te pusieras/te pusieses.*

11.

H	I	C	I	E	R	A	N	P	D
U	S	A	W	S	R	G	H	I	I
B	U	Y	G	T	E	T	P	D	J
I	G	E	F	U	E	R	A	I	E
E	I	R	T	V	I	A	U	E	R
R	R	A	M	I	R	J	R	R	A
A	I	S	L	E	Y	E	R	A	I
M	E	U	M	R	I	R	I	M	S
O	R	S	T	A	E	A	O	O	E
S	A	R	I	N	R	S	R	S	G
C	O	N	D	U	J	E	R	A	S

2. *hicieran/hiciesen* → hacer, ellos; **3.** *leyera/leyese* → leer, él; **4.** *hubiéramos/hubiésemos* → haber, nosotros; **5.** *estuvieran/estuviesen* → estar, ellas; **6.** *pidiéramos/pidiésemos* → pedir, nosotros; **7.** *fuera/fuese* → ir/ser, él; **8.** *condujeras/condujeses* → conducir, tú; **9.** *sugiriera/sugiriese* → sugerir, ella; **10.** *trajeras/trajeses* → traer, tú; **11.** *dijerais/dijeseis* → decir, vosotros/-as.

UNIDAD 9

2.

caminar	correr	subir	levantarse	irse
caminar**é** caminar**ás** caminar**á** caminar**emos** caminar**éis** caminar**án**	corrер**é** correr**ás** correr**á** correr**emos** correr**éis** correr**án**	subir**é** subir**ás** subir**á** subir**emos** subir**éis** subir**án**	me levantar**é** te levantar**ás** se levantar**á** nos levantar**emos** os levantar**éis** se levantar**án**	me ir**é** te ir**ás** se ir**á** nos ir**emos** os ir**éis** se ir**án**

3. **1.** buscar, vosotras: *buscaréis*. **2.** encontrar, tú: *encontrarás*. **3.** *trabajar*, él/ella/usted: trabajará. **4.** *descansar*, yo: descansaré. **5.** llevar, ellos: *llevarán*. **6.** traer, nosotras: *traeremos*. **7.** *levantarse*, él/ella/usted: se levantará. **8.** *sentarse*, ellos/ellas/ustedes: se sentarán. **9.** perder, nosotros: *perderemos*. **10.** ganar, vosotros: *ganaréis*. **11.** aburrirse, yo: me aburriré. **12.** *divertirse*, tú: te divertirás. **13.** explicar, ellas: *explicarán*. **14.** entender, yo: *entenderé*. **15.** *enseñar*, él/ella/usted: enseñará. **16.** *aprender*, tú: aprenderás.

4.

tener	**poder**	**decir**	**hacer**
tendré	podré	diré	haré
tendrás	podrás	dirás	harás
tendrá	podrá	dirá	hará
tendremos	podremos	diremos	haremos
tendréis	podréis	diréis	haréis
tendrán	podrán	dirán	harán

5.

poner	**venir**	**salir**	**valer**
pondré	vendré	saldré	valdré
pondrás	vendrás	saldrás	valdás
pondrá	vendrá	saldrá	valdrás
pondremos	vendremos	saldremos	valdremos
pondréis	vendréis	saldréis	valdréis
pondrán	vendrán	saldrán	valdrán

querer	**saber**	**haber**	**caber**
querré	sabré	habré	cabré
querrás	sabrás	habrás	cabrás
querrá	sabrá	habrá	cabrá
querremos	sabremos	habremos	cabremos
querréis	sabréis	habréis	cabréis
querrán	sabrán	habrán	cabrán

6. **1.** proponer, yo: *propondré*; **2.** prevenir, nosotros/-as: *prevendremos*; **3.** mantener, él/ella/usted: *mantendrá*; **4.** deshacer, vosotros/-as: *desharéis*; **5.** contradecir, tú: *contradirás*; **6.** sobresalir, ellos/ellas/ustedes: *sobresaldrán*; **7.** contener, nosotros/-as: *contendremos*; **8.** componer, tú: *compondrás*; **9.** intervenir, vosotros/-as: *intervendréis*; **10.** rehacer, yo: *reharé*.

7. soy → *seré*; oigo → *oiré*; voy → *iré*; vienes → *vendrás*; piensas → *pensarás*; prefieres → *preferirás*; sugiere → *sugerirá*; se ríe → *se reirá*; muere → *morirá*; sentimos → *sentiremos*; pedís → *pediréis*; contamos → *contaremos*; compiten → *competirán*; dicen → *dirán*; construyen → *construirán*; sé → *sabré*; conozco → conoceré; advierto → *advertiré*.

8. **1.** poder, ella: *podrá*. **2.** caber, ustedes: *cabrán*. **3.** *venir*, tú: vendrás. **4.** *querer*, nosotros/nosotras: querremos. 5. valer, ellos: *valdrán*. **6.** hacer, nosotras: *haremos*. **7.** *saber*, vosotros/vosotras: sabréis. **8.** *decir*, yo: diré. **9.** poner, nosotros: *pondremos*. **10.** salir, vosotros: *saldréis*. **11.** *haber*, él/ella/usted: habrá. **12.** *tener*, yo: tendré. **13.** deshacer, ellas: *desharán*. **14.** intervenir, yo: *intervendré*.

9. **1.** *nacerá.* **2.** *morirán.* **3.** *aprobaré.* **4.** *suspenderás.* **5.** *nos divertiremos.* **6.** *os aburriréis.* **7.** *querrá.* **8.** *podré.* **9.** *perderemos.* **10.** *tendréis.* **11.** *vendrás.* **12.** *irán.* **13.** *propondrás.* **14.** *desharé.* **15.** *sabrán.* **16.** *se olvidará.* **17.** *os pondréis.* **18.** *nos quitaremos.* **19.** *entraréis.* **20.** *saldrán.* **21.** *diré.* **22.** *se callará.* **23.** *comprarás.* **24.** *venderemos.*

10. *opondré* → oponer, yo; *saldremos* → salir, nosotros; *daremos* → dar, nosotros; *querréis* → querer, vosotros; *subirás* → subir, tú; *desharán* → deshacer, ellos; *pedirá* → pedir, ella; *valdrán* → valer, ellos; *contendré* → contener, yo; *beberán* → beber, ellas; *bajaréis* → bajar, vosotros/-as; *comerá* → comer, él.

S	A	L	D	R	E	M	O	S	Ñ
U	Z	W	A	X	J	H	P	L	L
B	C	F	R	I	Q	P	V	V	B
I	O	B	E	B	E	R	A	N	Q
R	N	A	M	D	C	M	L	K	U
A	T	J	O	P	O	N	D	R	E
S	E	A	S	E	M	P	R	Y	R
W	N	R	H	D	E	Ñ	A	R	R
Y	D	E	W	I	R	Y	N	Z	E
P	R	I	F	R	A	I	Z	M	I
D	E	S	H	A	R	A	N	P	S

11. **Regulares:** pasear, recordar, ser, traer, ir, repetir.

Irregulares: + d poner; venir; salir; tener; valer; (**e**) poder; querer; saber; haber; caber; (**e**) (**c**) hacer; decir.

UNIDAD 10

2.

estar	ser	ir
estar**ía**	ser**ía**	ir**ía**
estar**ías**	ser**ías**	ir**ías**
estar**ía**	ser**ía**	ir**ía**
estar**íamos**	ser**íamos**	ir**íamos**
estar**íais**	ser**íais**	ir**íais**
estar**ían**	ser**ían**	ir**ían**

3. **1.** dormir, vosotras: *dormiríais*. **2.** despertarse, yo: *me despertaría.* **3.** *vender*, ellos/ellas/ustedes: venderían. **4.** *comprar*, tú: comprarías. **5.** aburrirse, ella: *se aburriría*. **6.** divertirse, nosotros: *nos divertiríamos.* **7.** responder, vosotros/-as: responderíais. **8.** *preguntar*, ellos/ellas/ustedes: preguntarían. **9.** subir, nosotros: *subiríamos*. **10.** bajar, usted: *bajaría*. **11.** *callarse*, yo: me callaría. **12.** *hablar*, tú: hablarías. **13.** recordar, él: *recordaría*. **14.** olvidarse, yo: *me olvidaría*. **15.** *enseñar*, ellos/ellas/ustedes: enseñarían. **16.** *aprender*, tú: aprenderías. **17.** pedir, vosotros: *pediríais*. **18.** dar, nosotras: *daríamos*.

4.

venir (vendr-)	querer (querr-)	decir (dir-)
vendría	querría	diría
vendrías	querrías	dirías
vendría	querría	diría
vendríamos	querríamos	diríamos
vendríais	querríais	diríais
vendrían	querrían	dirían

5.

	FUTURO	CONDICIONAL			
	yo	tú	él	nosotros	vosotros
saber	*sabré*	*sabrías*	*sabría*	*sabríamos*	*sabríais*
tener	tendré	tendrías	tendría	tendríamos	tendríais
poder	podré	podrías	podría	podríamos	podríais
decir	diré	dirías	diría	diríamos	diríais
valer	valdré	valdrías	valdría	valdríamos	valdríais
haber	habré	habrías	habría	habríamos	habríais
caber	cabré	cabrías	cabría	cabríamos	cabríais
salir	saldré	saldrías	saldría	saldríamos	saldríais
hacer	haré	harías	haría	haríamos	haríais

6. **1.** saber, nosotras: *sabríamos*; **2.** haber, él: *habría*; **3.** *valer*, tú: valdrías; **4.** *querer*, vosotros/-as: querríais; **5.** venir, yo: *vendría*; **6.** hacer, nosotras: *haríamos*; **7.** *provenir*, ellos/ellas/ustedes: provendrían; **8.** *deshacer*, vosotros/-as: desharíais; **9.** poner, nosotros: *pondríamos*; **10.** salir, vosotros: *saldríais*, **11.** proponer, tú: *propondrías*; **12.** *sobresalir*, yo-él/ella/usted: sobresaldría; **13.** decir, ellas: *dirían*; **14.** tener, yo: *tendría*; **15.** *contradecir*, ellos/ellas/ustedes: contradirían; **16.** *mantener*, tú: mantendrías.

7. **1.** creeré → creería; **2.** irán → irían; **3.** vendrá → vendría; **4.** sugerirás → sugerirías; **5.** volveré → volvería; **6.** saldréis → saldríais; **7.** podréis → podríais; **8.** seguiremos → seguiríamos; **9.** llevaré → llevaría; **10.** oirás → oirías; **11.** tendremos → tendríamos; **12.** querréis → querríais; **13.** se reirá → se reiría; **14.** diremos → diríamos; **15.** traerán → traerían; **16.** pondrán → pondrían.

8. **1.** se opondría; **2.** aceptarían; **3.** llegaríamos; **4.** saludaríais; **5.** me marcharía; **6.** te despedirías; **7.** regalaríamos; **8.** mantendríais; **9.** querría; **10.** odiaría; **11.** intervendrías; **12.** ayudarían; **13.** construirías; **14.** desharía; **15.** sabrían; **16.** explicaría; **17.** podríais; **18.** haríamos.

9. *lavaría* → lavar, yo; *harían* → hacer, ellos; *sostendría* → sostener, ella; *navegarías* → navegar, tú; *podrías* → poder, tú; *vendríamos* → venir, nosotros; *iríais* → ir, vosotros; *volveríais* → volver, vosotros; *dirían* → decir, ellos; *sabríamos* → saber, nosotros.

V	E	N	D	R	I	A	M	O	S
O	X	A	Ñ	Y	D	Z	P	W	A
L	A	V	A	R	I	A	O	R	B
V	Y	E	W	P	R	X	D	A	R
E	T	G	Q	Ñ	I	V	R	C	I
R	H	A	R	I	A	N	I	S	A
I	Z	R	F	K	N	B	A	O	M
A	W	I	R	I	A	I	S	J	O
I	K	A	H	J	Y	Ñ	B	T	S
S	O	S	T	E	N	D	R	I	A

UNIDAD 11

2. -AR: *hablado* ← hablar; *estudiado* ← estudiar; *estado* ← estar.
-ER: *leído* ← leer; *comido* ← comer; *tenido* ← tener.
-IR: *repetido* ← repetir; *salido* ← salir; *vivido* ← vivir.

3. **1.** buscar → *buscado;* **2.** explicar → *explicado;* **3.** *enseñar* ← enseñado*;* **4.** venir → *venido;* **5.** repetir → *repetido;* **6.** *perder* ← perdido; **7.** trabajar → *trabajado;* **8.** llevar → *llevado;* **9.** *seguir* ← seguido; **10.** encontrar → *encontrado*; **11.** *entender* ← entendido; **12.** *aprender* ← aprendido; **13.** ir → *ido;* **14.** *sonreír* ← sonreído; **15.** *ganar* ← ganado; **16.** descansar → *descansado;* **17.** *traer* ← traído; **18.** *poder* ← podido.

4. **1.** viajo → *viajado*; **2.** subo → *subido*; **3.** corro → *corrido*; **4.** siento → *sentido*; **5.** prefiero → *preferido*; **6.** sigo → *seguido*; **7.** duermo → *dormido*; **8.** cuento → *contado*; **9.** sé → *sabido*; **10.** construyo → *construido*; **11.** traigo → *traído*. **12.** vendo → *vendido*; **13.** compro → *comprado*; **14.** vengo → *venido*; **15.** sugiero → *sugerido*; **16.** pido → *pedido*; **17.** repito → *repetido*; **18.** sueño → *soñado;* **19.** conozco → *conocido*; **20.** tengo → *tenido*; **21.** doy → *dado*; **22.** canto → *cantado.*

5. *roto* → romper; *hecho* → hacer; *puesto* → poner; *escrito* → escribir; *vuelto* → volver; *muerto* → morir; *visto* → ver; *dicho* → decir; *abierto* → abrir; *cubierto* → cubrir.

6. **1.** resolver: *resuelto*. **2.** describir: *descrito*. **3.** *proponer*: propuesto. **4.** *deshacer*: deshecho. **5.** predecir: *predicho*. **6.** suponer: *supuesto*. **7.** *inscribir*: inscrito. **8.** *devolver*: devuelto. **9.** disolver: *disuelto*. **10.** reabrir: *reabierto*. **11.** *prever*: previsto. **12.** *descubrir*: descubierto.

7. **1.** *nacido*. **2.** *muerto*. **3.** *dicho*. **4.** *callado*. **5.** *buscado*. **6.** *descubierto*. **7.** *contradicho*. **8.** *propuesto*. **9.** *roto*. **10.** *rehecho*. **11.** *ido*. **12.** *vuelto*. **13.** *visto*. **14.** *mirado*.

8. *devuelto* → devolver; *descubierto* → descubrir; *descrito* → describir; *visto* → ver; *deshecho* → deshacer; *dicho* → decir; *abierto* → abrir; *supuesto* → suponer; *muerto* → morir; *roto* → romper.

D	**E**	**S**	**C**	**U**	**B**	**I**	**E**	**R**	**T**	**O**
Q	Ñ	**U**	N	M	K	**M**	Q	W	Z	L
R	**A**	**P**	**D**	**E**	**V**	**U**	**E**	**L**	**T**	**O**
T	**B**	**U**	V	B	W	**E**	Q	R	X	Z
Y	**I**	**E**	S	D	F	**R**	G	H	J	**R**
D	**E**	**S**	**C**	**R**	**I**	**T**	**O**	G	F	**O**
I	**R**	**T**	Z	X	V	**O**	B	N	M	**T**
C	**T**	**O**	K	Y	P	**V**	**I**	**S**	**T**	**O**
H	**O**	H	J	K	L	Ñ	P	T	Y	Z
O	F	**D**	**E**	**S**	**H**	**E**	**C**	**H**	**O**	Z

9.

INDICATIVO

Pretérito perfecto [*haber* en presente + participio]: he saltado; has saltado; ha saltado; hemos saltado; habéis saltado; han saltado.
Pretérito pluscuamperfecto [*haber* en imperfecto + participio]: había corrido; habías corrido; había corrido; habíamos corrido; habíais corrido; habían corrido.
Pretérito anterior [*haber* en indefinido + participio]: hube subido; hubiste subido; hubo subido; hubimos subido; hubisteis subido; hubieron subido.
Futuro perfecto [*haber* en futuro + participio]: habré estado; habrás estado; habrá estado; habremos estado; habréis estado; habrán estado.
Condicional perfecto [*haber* en condicional + participio]: habría sido; habrías sido; habría sido; habríamos sido; habríais sido; habrían sido.

SUBJUNTIVO

Pretérito perfecto [*haber* en presente + participio]: haya tenido; hayas tenido; haya tenido; hayamos tenido; hayáis tenido; hayan tenido.
Pretérito pluscuamperfecto [*haber* en imperfecto + participio]: hubiera/hubiese venido; hubieras/hubieses venido; hubiera/hubiese venido; hubiéramos/hubiésemos venido; hubierais/hubieseis venido; hubieran/hubiesen venido.

TU VOCABULARIO DE VERBOS

En esta sección te ofrecemos una lista con la mayoría de los verbos que han aparecido a lo largo de todo el libro, y en ella te proponemos que construyas paso a paso tu propio diccionario de verbos conjugados.

Completa los cuadros a medida que progresas en las diferentes unidades. Cuando aparece un nuevo verbo, busca su significado en tu diccionario bilingüe y después escríbelo en este diccionario. Completa también las formas verbales que has aprendido hasta ese momento. Por ejemplo, el verbo *poner* aparece en la unidad 1, en presente de indicativo, y en la unidad 5 para practicar el indefinido, etcétera.

Recuerda que, como explicábamos en la «Presentación» (pág. 9), las irregularidades del presente de indicativo afectan también al imperativo y al presente de subjuntivo; las del indefinido, al imperfecto de subjuntivo; y las del futuro, al condicional. Por otro lado, el participio es necesario para conjugar todos los tiempos compuestos.

Infinitivo	**Amar**	**Poner**
presente indicativo pretérito indefinido futuro participio	amo, amas, ama... amé, amaste, amó... amaré, amarás, amará... amado	pongo, pones, pone... puse, pusiste, puso... pondré, pondrás, pondrá puesto

Abrazar:

Abrir:

Aburrirse:

Aceptar:

Acercarse:

Acertar:

Acordarse:

Acostarse:

Adquirir:

Advertir:

Agradecer:

Alejarse:

Alojarse:

Alquilar:

Amar:

Analizar:

Andar:

Apagar:

Aparcar:

Aparecer:

Aplazar:

Aplicar:

Aprender:

Apretar:

Aprobar:

Ascender:

Atacar:

Atender:

Atraer:

Atreverse:

Atribuir:

Aumentar:

Ayudar:

Bajar:

Beber:

Buscar:

Caber:

Caer:

Calentar:

Callarse:

Caminar:

Cansarse:

Cantar:

Casarse:

Cazar:

Cerrar:

Cobrar:

Cocer:

Cocinar:

Coger:

Colar:

Colgar:

Colocar:

Comenzar:

Comer:

Competir:

Componer:

Comprar:

Comprender:

Comprobar:

Concluir:

Conducir:

Conocer:

Conseguir:

Constituir:

Construir:

Consumir:

Contar:

Contener:

Contradecir:

Convencer:

Convertir:

Corregir:

Correr:

Corroer:

Cortar:

Coser:

Costar:

Crecer:

Creer:

Cruzar:

Cubrir:

Chocar:

Dar:

Deber:

Decidir:

Decir:

Dedicarse:

Deducir:

Defender:

Demostrar:

Desaparecer:

Descansar:

Describir:

Descubrir:

Deshacer:

Despedirse:

Despertarse:

Desplazar:

Destruir:

Detener:

Devolver:

Dirigir:

Disminuir:

Disolver:

Distinguir:

Distraer:

Distribuir:

Divertirse:

Divorciarse:

Doler:

Dormir:

Ejercer:

Elegir:

Emerger:

Empezar:

Enamorarse:

Encender:

Encontrar:

Enseñar:

Entender:

Entrar:

Envolver:

Escoger:

Escribir:

Escuchar:

Esparcir:

Esperar:

Estar:

Estudiar:

Excluir:

Exigir:

Explicar:

Fluir:

Freír:

Fruncir:

Ganar:

Gastar:

Gobernar:

Gustar:

Haber:

Hablar:

Hacer:

Herir:

Hervir:

Huir:

Imaginar:

Impedir:

Incluir:

Influir:

Inscribir:

Intentar:

Intervenir:

Introducir:

Intuir:

Invertir:

Ir:

Jugar:

Lavar(se):

Leer:

Levantarse:

Limpiar:

Llamar(se):

Llegar:

Llevar:

Llorar:

Llover:

Mantener:

Marcharse:

Medir:

Mentir:

Meterse:

Mirar:

Molestar:

Morder:

Morir:

Mover(se):

Nacer:

Nadar:

Navegar:

Negar:

Obedecer:

Obtener:

Ocultar:

Odiar:

Ofrecer:

Oír:

Olvidar:

Oponerse:

Organizar:

Pagar:

Parecer:

Pecar:

Pasear:

Pedir:

Peinarse:

Pensar:

Perder:

Permanecer:

Perseguir:

Pesar:

Pescar:

Poder:

Poner(se):

Poseer:

Practicar:

Predecir:

Preferir:

Preguntar:

Preparar:

Presentar:

Prevenir:

Prever:

Probar:

Producir:

Prometer:

Proponer:

Proseguir:

Proteger:

Proveer:

Provenir:

Quedarse:

Querer:

Quitarse:

Reabrir:

Recaer:

Recibir:

Recoger:

Reconstruir:

Recordar:

Rechazar:

Reducir:

Regalar:

Regar:

Regresar:

Rehacer:

Reír(se):

Releer:

Reñir:

Repetir:

Resolver:

Responder:

Rodar:

Roer:

Rogar:

Romper:

Saber:

Sacar:

Salir:

Saltar:

Saludar:

Secar:

Seducir:

Seguir:

Sentarse:

Sentir:

Ser:

Servir:

Sobresalir:

Sonar:

Sonreír:

Soñar:

Sostener:

Subir:

Sugerir:

Suponer:

Surgir:

Suspender:

Sustituir:

Tener:

Terminar:

Tocar:

Trabajar:

Traducir:

Traer:

Tropezar:

Utilizar:

Valer:

Vencer:

Vender:

Venir:

Ver:

Vestirse:

Viajar:

Vivir:

Volar:

Volver:

Zurcir: